NOVELA DRAMATICA

DOS VIDAS

JOSE CARLOS VITERVO

2018

INDICE

A JOSE CARLOS VITERVO

CON CARIÑO Y AGRADECIMIENTO

INTRODUCCION

Nada es suficiente, siempre añoramos más en la vida. Valoramos lo que tenemos cuando lo perdemos. Nuestra novela es reflexiva en cuanto a los verdaderos valores en la vida.

La historia de Emanuel aquí contada es una lección de supervivencia, que nos muestra el valor que debemos de darle a los más simples detalles, a valorar lo hermoso que es vivir.

Escrita a finales del año 2018, la historia se ubica en una metrópoli, con momentos de felicidad, pero también de dramatismo. Logra dar tintes de alegría conjugados con momentos de tristeza.

El lector se internara en la vida de Emanuel, en sus dos vertientes, conocerá de manera efectiva a quienes le rodean e incluso conocerá parte de la vida de estos.

Ampliamente recomendado para los amantes del dramatismo. La historia engancha desde el principio, de modo que el lector siempre atento buscará saber lo que sucederá en el futuro.

De lectura ágil y agradable la novela Dos Vidas, permite que sus lectores puedan comprender fácilmente lo que el escritor intentó externar, a través de pasajes cortos en su extensión pero amplios en su sentido.

Los personajes aunque ficticios, pero posibles de existir en la realidad.

Invita a hacer un autoanálisis de nosotros y reflexión de la importancia de la vida.

He aquí la novela Dos Vidas de José Carlos Vitervo para el deleite de todos nuestros lectores.

El autor

Año de 2018

I

Era una mañana lluviosa, fría, obscura, Emanuel se despertaba con un dolor de cabeza terrible producto de la resaca que cargaba, trataba de hacer memoria de lo que una noche antes había ocurrido, pero había muchos vacíos en su mente lo cual le causaba angustia y a la vez preguntas de lo que paso ayer, ¿Cómo es que había llegado a casa? ¿Quiénes se quedaron hasta el final? ¿Qué tonterías habría hecho o dicho? Emanuel se lamentaba y enterraba su cara a la almohada de vergüenza pero a la vez de cansancio.

La verdad era que no quería levantarse, pero sabía muy bien que ya era muy tarde y habían muchas cosas que hacer por todos lados, desde su imprenta que caminaba muy bien (pero había que ir como cada día para resolver cualquier asunto que se presentara y claro comprar los insumos que fueran necesarios), también ver a Alina, visitar a algunos clientes, entre otras. En ese momento recordó como un día antes tomaba sin control tal y como si el alcohol del mundo se fuera a acabar para siempre, le dio risa pero a la vez se abochorno.

Ese día era bastante importante pues pasaría por la tarde por Alina, su amada novia. Y es que desde hace tiempo se habían prometido vivir juntos, finalmente hoy dormirían la noche uno con el otro y así por siempre, al menos eso era lo planeado.

El departamento donde vivirían todavía tenía muchos desperfectos, antes de ir por Alina trataría de resolver lo que más se pudiera, tenía muy alto el animo pensando que podría avanzar mucho en esas reparaciones, pero la realidad es que el baño, el closet, la cocina, aun estaban muy lejos de funcionar correctamente, aunque se dijo así mismo -¿Quien empieza una vida perfecta?- se quedó reflexionando y resolvió: -seguro todas las parejas empiezan con muchos problemas, en fin ya se irán solucionando las cosas con el tiempo-.

Tomo la ducha, se vistió como de rayo, caminó hacia la cocina, se preparó un plato con fruta, un café, increíblemente en un cerrar y abrir de ojos lo engulló todo de un solo golpe.

Sabía que era tarde, tenía prisa, salió al garaje y de repente un recuerdo espeluznante lo estremeció; recordó como que la noche anterior había estado a punto de impactarse con otro vehículo, la piel se le erizo y un escalofrió le recorrió por todo el cuerpo, se lamentó y se sentía muy culpable por la estupidez de haber manejado en estado de ebriedad, se prometió que nunca más lo volvería a hacer, se enojó consigo mismo por tan estúpida decisión de haber conducido en ese estado.

Antes de subir a su vehículo le dio un vistazo a su camioneta sospechando que le hubiera pasado algo, para su sorpresa estaba completamente intacta. En eso estaba cuando sonó desde el interior de su camioneta su móvil y se apresuró a contestar, era su amigo Frank quien le avisaba que el, Mario y Damián se verían en el bar cerca de su imprenta, aquel que solían visitar un día después de la fiesta pues eran muy buenos con algunos remedios para la resaca basados en mezclas de licores, vino y cerveza.

Sobre su cabeza paso el remordimiento que traía de un día antes pero se permitió acudir y pensó - tal vez un trago, pero solo un trago no caiga mal-. La cita con los amigos era dentro de treinta minutos, el tiempo justo de camino desde su casa hasta el famoso "Bar de los Milagros" y así arranco su camioneta, prendió la radio sonaba Hotel California de los Eagles subió el volumen y partió.

Llego antes que todos, eran las diez de la mañana en punto, pensó que después de todo no era demasiado tarde y que tendría tiempo suficiente para hacer todo lo planeado. La lluvia había parado pero seguía bastante nublado, amenazaba nuevamente una tormenta, lo cual no le preocupo.

Aunque Emanuel prefería mesa de la terraza esta vez por el lluvioso clima prefirió mesa al interior en el famoso bar, estaba medio lleno, la mayoría de los clientes se miraban con heridas de la batalla de un día antes, algunos por seguro que no habían ni dormido y uno que otro de plano se encontraba roncando con la cara sobre la mesa babeando como bebes. El lugar era bastante popular por las mañanas, pero por las noches tenía poca concurrencia.

Emanuel se sentó justo en la barra y se decidió por una cerveza obscura al pedirla recalco –Pero bien fría- no terminaba de decirlo cuando frente a el yacía la botella color ámbar, esta parecía que lloraba y se pregunto a él mismo ¿si esto lo hacia que fuera alcohólico?, justo estaba en eso cuando los tres amigos: Frank, Mario y Damián llegaron de golpe y muy alegres, con gafas obscuras, de seguro que ni siquiera se habían duchado pensó Emanuel, todos se saludaron muy eufóricos con gran camaradería abrazos, carcajadas, chocaron las manos con fuerza, y antes de sumarse a la barra con Emanuel reclamaron sus cervezas las cuales no demoraron en llegar.

Platicaron de las locuras de un día antes, de cómo Frank se quedo dormido sobre una jardinera, también de que Damián había llorado porque recordó un perro que quiso mucho en su infancia. Esa mañana platicaron de chicas, de chismes, rumores, balompié, y cuando llegaron al tema del momento todos comenzaron a bulear a Emanuel, se burlaban como es normal entre los amigos de que ahora Emanuel estaría viviendo con su chica, le decían que sería desde ahora un mandilón y de que ya su chica lo tendría amarrado de una cadena para no dejarlo ir con los amigos.

–De seguro ya te prohibió juntarte con nosotros- dijo Frank , y todos se rieron y carcajearon de a montones, mientras esto pasaba el cantinero les pasaba unos platos de consomé rojo de carnero con tortillas de maíz y les servía en una copa enana un menjurje compuesto de hierbas, condimentos y quien sabe cuantas cosas mas, el cual sabía ligeramente amargo pero a decir de muchos era la pócima secreta que podía revivir a muertos por sus poderes curativos, y claro esta la resaca era su punto fuerte.

La receta de este revoltijo de hiervas había sido religiosamente preservada por al menos tres generaciones, ni en la ciudad, ni en la zona podría encontrase algo tan bueno para la resaca.

Así pasaron un par de horas y aunque se encontrara tan a gusto Emanuel tuvo que irse no sin antes haberse tomado tres cervezas y cuatro menjurjes mágicos de aquellos que curan de todo, se despidió de sus amigos tal como cuando los saludo cuando llegaron con la misma euforia y emoción.

Cuando salió a la calle sintió que la resaca era cosa del pasado aunque reconoció que se sentía un poco alegre, se hizo un rápido autoexamen y el mismo considero que no estaba borracho ni siquiera un poco, subió a su camioneta llamó a su imprenta preguntó si todo estaba bien, al parecer las cosas podían esperar hasta mañana, los clientes ya habían sido visitados por un ayudante de la empresa, y así no habiendo mayores pendientes se dirigió a su nuevo apartamento.

El apartamento era pequeño pero muy mono, pintado de color azul pastel tal como lo había elegido Alina, hacia buen juego con los muebles y el piso de madera rojizo. Emanuel se puso a instalar los múltiples cables de la tv, modem y procesador de señal de cable, después armó varios cajoneras de la cocina, desempacó el refrigerador y el horno de microondas, barrió un poco la cocina, después la sala, justo empezaba con el baño cuando miró el reloj eran ya casi las seis, el tiempo le había venido encima, se había olvidado hasta de comer, aventó todo, corrió a lavarse las manos y la cara, bajó apresuradamente las escaleras casi tropezó al hacerlo. Sin darse cuenta estaba sudando a cubetadas, pero sonriente.

En el camino escuchaba la sinfonía numero cuarenta de Mozart, se sentía un poco nervioso, la música clásica lo relajaba, aunque no lo suficiente. Estaba consiente de que estaba tomando una decisión muy difícil que lo marcaria para el resto de su vida, claro que tenía miedo, se sentía de repente inseguro, más de una vez había pensado en retractarse pero había algo que lo movía más fuerte que nada. La verdad de todo es que Emanuel estaba completamente enamorado de Alina y la emoción de saber que viviría con ella lo ilusionaba bastante tanto que cargaba una sonrisa que no podía disimular de ninguna manera.

En realidad, no es que fuera la primera vez que dormiría con Alina de hecho, alguna vez después en una fiesta loca habría decidido llevarla por la aventura, el erotismo, el placer y la intimidad para después dormir abrazados a escondidas de todos y de sus padres claro esta. Aunque al otro día ambos no sabían como esconder sus pecados, ni como justificarse con los demás, nunca se habían arrepentido de aquellas clandestinidades.

Pero hoy todo sería diferente, el había pedido a sus padres permiso para casarse con ella y estos le habían concedido el permiso, así que ¿para que esperar a casarse formalmente si podían vivir desde ahora juntos?, después de todo ellos se amaban mutuamente. El amor que ellos mantenían era uno de esos donde se extrañaban incluso cuando estaban juntos, y sentían un gran vacío si alguno de ellos se apartaba por tan solo unos momentos. De verdad que bello es cuando el amor existe entre las personas, -la gente pensaba al mirarlos-.

Emanuel tenía 28 y Alina 24 si alguien los pudiera ver y escuchar podrían pensar que eran unos niños de cinco años o que jugaban a los tontos, esa actitud de tortolitos los hacia extremadamente felices.

Ya camino a casa de los padres de Alina precisamente con la intención de ir a recogerla, Emanuel se imaginaba el mañana, siendo papá, dirigiendo exitosamente a su familia y hasta se miro en la graduación de sus hijos.

Mientras pensaba en el futuro sin darse cuenta Emanuel paso de frente la casa de Alina, cuando se percató de su error se sonrió, dio la vuelta de inmediato, Alina esperaba ya afuera junto a su madre, allí puestas estaban un par de enormes maletas.

Ella le reclamo de el ¿porque había pasado de frente en vez de estacionarse?, le dijo casi a gritos que si es que se estaba arrepintiendo, le recalco que si era así que se fuera que no la hiciera perder el tiempo, pero Emanuel se disculpo dijo que tal vez era porque estaba un poco nervioso, que se distrajo pero que de ninguna manera se estaba retractando, -¿Como podría dejar mi mas grande sueño si ahora soy el hombre más feliz del mundo?- le dijo a Alina con mucho emoción, tanto que Alina se abalanzo sobre el y se colgó de su cuello, lo lleno de besos, le hizo prometer que nunca la dejaría, Emanuel lo prometió echando al frente la mano derecha como si se tratara del juramento de alguna responsabilidad gubernamental.

La madre de Alina no podía disimular su tristeza, sus lagrimas corrían por sus mejillas lentamente, se le hizo un nudo en la garganta, le faltaron las palabras para despedirse de su única y amada hija. Los enamorados le prometieron que la visitarían frecuentemente, que además ella podría ir a visitarlos cuantas veces quisiera eso sí, le pidieron que avisará y que no cayera de sorpresa, la madre se sonrió entre lagrimas y asintió alegremente, al final se convenció así misma de que no estaba perdiendo una hija sino ganando a un hijo, y quien sabe en el futuro tal vez un par de nietos.

El padre de Alina no pudo estar presente pues solía trabajar hasta tarde, era uno de aquellos hombres que amaba su trabajo tanto como a su familia, muy ajeno a los vicios, curioso en las cosas del hogar pues por ejemplo prefería hacer las reparaciones por su cuenta en vez de llamar a un eléctrico, plomero, albañil o lo que fuera, muchas veces exitoso en sus curiosidades, otras veces tenían que llamar al especialista y pagar las descomposturas que existían antes, más las que había hecho el papa en su intento de repararlo por si mismo.

Subieron las maletas de Alina que pesaban montones al vehículo, parecían estar llenas de fierros y piedras pensó Emanuel. De hecho ya Alina había llevado la mayoría de sus cosas, estas maletas solo llevaban algunos cosméticos y zapatos a decir de ella. Se despidieron de la mama de Alina después, se subieron a la camioneta. De inmediato Alina cambio la música por algo un poco más movido, digamos música Electrónica, Emanuel que aunque no gustaba de esa música prefirió no decir nada pues sabía cual sería la reacción de su amada y exactamente por amor toleraba eso y más, mucho más.

En el camino pasaron a cenar algo ligero en uno de esos carros andantes de comida rápida, los dos pidieron platillos hindúes que se los sirvieron en unos platos de papel que aunque los enamorados entre ellos hablaron poco pero disfrutaron enormemente del momento. Después compraron algunas cosas para la casa, desde comida como cereales, huevo, pan etc., hasta detergente y fibras para lavar trastes, al nuevo departamento llegaron deshechos, un poco por la hora y otro tanto por la incansable subida de las escaleras con las maletas cargadas de toneladas.

Después de abrir la puerta se decidieron por ir directo a dormir. Se cambiaron la ropa, se lavaron los dientes, la cara, se acostaron y abrazaron pero el cansancio los venció y los durmió, después de todo una nueva vida los esperaba. Los dos estaban seguros de que serían felices.

II

Por un pequeño hueco que tenía la cortina, los primeros rayos de sol se miraban como queriéndose escabullir entre la habitación y avisando que un nuevo día estaba por empezar, Emanuel pensó que este día se prometía radiante, lleno de emociones y actividades.

Por un momento se quedo despierto en la cama con los ojos cerrados y una sonrisa que no podía disimular, hacía un repaso de lo que había pasado antes, era verdad que se sentía emocionado por eso, pero en ese momento particularmente sentía en lo más profundo de sus entrañas una sensación extraña, de nervios, de ansiedad no lo podía describir claramente era algo que nunca antes había experimentado. Se preguntaba si era por una enfermedad o simplemente era un ataque de nervios por temor a lo que pasaría en esta nueva vida y creyó que pasaría pronto, trato de no preocuparse demasiado, pensó que todo hombre al dar el paso de vivir con alguien de seguro tendría similares sensaciones.

Al cabo de pocos minutos el dolor arrecio, sintió escalofríos tremendos y las ansias, los nervios se incrementaron se acurruco en posición fetal. Varios gemidos de dolor escaparon de el, apretaba los ojos y los dientes de manera desesperante sintió como su cuerpo comenzaba a sudar, rápidamente las sabanas de la cama se empaparon como si alguien hubiese echado una cubetada de agua. Emanuel quien era alguien muy orgulloso y pensaba que pedir ayuda era para los cobardes hoy olvidaba por completo aquello y grito desesperante pidiendo auxilio, llamando a gritos a Alina. Abrió bien los ojos en espera de verla pero ella no estaba, la cama estaba vacía.

Pensó que seguramente ella estaría corriendo pues acostumbraba a hacerlo por las mañanas justo cuando empezaba a salir el sol. Emanuel se pregunto así mismo si sobreviviría a este dolor, y claro que el quería sobrevivir pues sus sueños eran grandes y justo ese día estaba empezando una nueva vida, no podía terminar en una tragedia. Recordó haber escuchado que algunas dolencias como la peritonitis o un pre infarto eran muy dolorosas estas aparecían de momento sin aviso alguno y aseguro que eso o algo parecido es lo que le estaba sucediendo, las ansias seguían creciendo y Alina no llegaba.

Se decidió a sentarse en la orilla de la cama jalándose los cabellos y apretando los dientes para minimizar el dolor, le llego a la mente el llamar a una ambulancia abrió un poco los ojos y cuando enfoco un poco se dio cuenta que algo no cuadraba, el departamento a donde se había mudado según el recordaba era diferente, pero no estaba seguro pues aún dominaban las penumbras.

De repente escucho ruido de camiones y autos que pasaban por allí, recordó que se supondría que su nuevo hogar estaba en un lugar donde casi no había trafico, ¿Cómo podrían pasar camiones pesados por esa zona? Así que como pudo se apresuró a asomarse por la ventana y al abrirla lo que parecía un rayo de luz resulto ser una lámpara de la calle que estaba casi justo frente a la habitación, se dio cuenta que estaba vestido con unas ropas que no reconocía pero lo que le estremeció y le hizo pegar un brinco de miedo fue el mirar que sobre la manga derecha de la camisa que vestía se miraba una mancha roja que aun estaba relativamente fresca. Bruscamente volvió a cerrar la cortina y prendió la luz de la habitación.

Claro estaba que no era su departamento y que Alina no estaba ni había estado allí, miles de ideas giraron por su cabeza al principio pensó que se trataba de un horrible sueño, pero esto parecía muy real. También creyó que alguien lo había drogado o que había sido poseído por un demonio o algo así. Los incesantes dolores no cedían y cada vez su ansiedad era mayor, si hubiera encontrado a alguien en ese momento seguro que lo habría matado si eso hubiera saciado esas dolencias.

Como pudo comenzó a explorar un poco la habitación se dio cuenta de que todo estaba sucio y desordenado casi llora al mirar la sangre que había en la cama se hubiera quedado congelado si no es porque de repente su cuerpo comenzó a temblar estrepitosamente por más que lo intentaba no podía detener esa temblorina. Se acerco al baño y tomo agua del lavabo sintió que no había tomado agua durante años, se hecho cuanta agua pudo para lavarse el rostro y la manga de la camisa para tratar de desaparecer esa mancha aparentemente de sangre.

Quiso mirarse al espejo pero no encontró ninguno, la habitación por todos lados estaba en muy malas condiciones que casi no había nada. La ansiedad seguía tanto que deseaba morir en ese momento y tanto fue su deseo que comenzó a buscar algo con que suicidarse, no podía sufrir más, total si todo esto era un sueño no pasaría nada, si es que era un realidad prefería no vivirla.

Emanuel aun no podía explicarse que es lo que había pasado. Mientras buscaba infructuosamente en los cajones vacíos de lo que podría ser la cocina un cuchillo o algo para suicidarse. Se seguía preguntando ¿que es lo que había pasado?, como es que había terminado allí, en un departamento horrendo, sucio, lleno de porquería y vacío a la vez. Se preocupo por Aina, ¿Dónde estaba? ¿Se encontraba a salvo? El solo pensar que algo le había sucedido le atormentaba.

De pronto descubrió que en una pequeña mesa se encontraba lo que parecía un espejo con polvo blanco en tres líneas, sospecho que era cocaína, pues aunque el nunca había consumido ese tipo de drogas era bien sabido por todos que algo así debía de ser cocaína, pensó en la idea de consumir esa droga, tal vez eso lo sanaría de ese temblar incesable y sin pensarlo mucho tomo el popote que allí estaba procedió al estilo de las películas y series que había alguna vez visto e inhalo la primera línea con todas sus fuerzas, contuvo la respiración por un momento, instantáneamente sintió una mejora, se dijo así mismo que para estar mejor debería de aspirar una segunda línea y así lo hizo, de verdad que se sintió placentero y relajado, se tiro en el sofá que estaba al frente de la mesa, se relajó.

Por unos minutos nada le importo, pero como un flashazo de pronto recordó a Alina entonces supo que eso era lo primero que tenía que hacer, buscarla y ¿saber que paso?, ¿como es que llego allí? De verdad que era inexplicable, sería que ¿habría ido a tomar?, más de una vez había olvidado algo después de una borrachera, pero nunca como hoy, sin embargo, no descartaba esa posibilidad. Pero ¿Y la sangre que traía en la manga de su camisa? Habría matado a alguien en la borrachera -pensó-. En fin, había bastantes preguntas que contestar, la verdad que estaba completamente consternado por todo esto.

Tenía miedo de salir a la calle y hacer frente a la realidad, pero sabía que debía hacerlo, "inmediatamente buscar a Alina", ella lo amaba y haría lo que fuera por el, seguro ella sabría que es lo que paso. Se armo de valor hecho un ultimo vistazo al cuarto y de reojo miro lo que quedaba de la droga sobre el espejo, tuvo miedo de volver a recaer en el estado de ansiedad de antes así que tomo una hoja de papel que allí estaba la partió y hizo un pequeño sobrecito al estilo de carta de amor de niña de primaria después, allí introdujo lo poco que quedaba del polvo blanco.

La puerta de salida era de metal, vieja y oxidada costo mucho trabajo abrirla, al hacerlo se hizo un escandaloso sonar de hojalata, como cuando le pegan con fuerza a un tambor grande, Emanuel se preocupo de que alguien lo viera salir, que lo reconocieran por haber matado a alguien o haber cometido un delito, así que salió lo más pronto posible, casi corriendo por las escaleras que estaban allí. Pensó que habría bajado unos dos pisos o tres, en la obscuridad no pudo reconocerlo y cuando hubo concluido la escalera se encontró con una calle vacía muy silenciosa, llena de basura, mal oliente, como a orines y alimentos en descomposición. Había unas pocas lámparas que dejaban ver la calle.

Emanuel se sintió perdido, no tenía idea de donde estaba ni hacia donde debía de ir, pero si sabía que debía de ir a algún lugar. Caminó hacia donde creyó que podría encontrar alguna calle o algún lugar conocido. Pensó que seguro pasaría un taxi por el camino, lo pararía y le pediría que lo llevara a

José Carlos Vitervo   DOS VIDAS

su casa o a casa de sus padres, allí encontraría la respuesta a todas sus interrogantes, que seguro estaba serían desagradables.

Camino y camino, las calles eran horribles, no parecían a su ciudad, todas en malas condiciones, llenas de tierra, donde había pavimento estaba lleno de baches, las casas todas se veían descuidadas, mal pintadas algunas de dos y hasta tres pisos pero la mayoría de un solo nivel. Las calles estaban solitarias aunque de vez en vez se encontraba con alguien en el camino, cuando esto pasada el se agachaba y evitaba mirarles, quería pasar desapercibido y parece que lo estaba logrando, encontró una avenida principal que se veía un poco mejor, vio como pasaban algunos vehículos. Pensó que sería su oportunidad para pedir un taxi, espero justo en una esquina donde considero podía ser el mejor lugar.

Emanuel llevaba bastante tiempo esperando por un taxi y no es que no pasaran, de hecho por lo menos tres habían pasado pero al hacerles la parada dos habían intentado orillarse pero al acercarse a Emanuel algo había pasado que no les inspiro confianza y aunque habían reducido su marcha al verlo volvían a arrancar e irse rápidamente. Emanuel pensó que era debido a su vestimenta pues se veía harapienta y ciertamente olía mal.

Las horas pasaban Emanuel se encontraba exhausto con un poco de hambre, quería dormir, pero no lo haría en la calle. Los primeros rayos de sol

24

salían desde el horizonte pensó que tal vez durante el día tendría más posibilidades de resolver su situación, podría encontrar un teléfono publico y marcarle a algún amigo, el problema es que no sabía los números de teléfono, todo lo tenía guardado en su móvil desgraciadamente el no había memorizado ninguno, ya alguna vez había perdido su teléfono en una parranda y todo un caos había pasado. Pensó que entonces encontraría un café internet y por alguna red social se comunicaría con alguien, en eso estaba cuando de golpe volvió a sentir aquella ansiedad tan desagradable aquella que lo había llevado al punto del suicidio y recordó que había traído el sobre con la poca droga que quedaba.

Se dio vergüenza así mismo pero claro estaba que tendría que inhalar de nuevo esa porquería, tenía que descubrir lo que había sucedido e inmediatamente encontrar a Alina, tal vez las cosas no eran tan graves y todo retomaría la calma pronto. La temblorina aun no era tan extrema como antes lo que le permitió introducir su mano al bolsillo y extraer el envoltorio de droga, después se buscó entre los bolsillos y encontró una bolsa de plástico con un popote y lo que parecía un pequeño espejo de aquellos que llevan las chicas en sus bolsos o entre sus maquillajes, puso sobre el todo el polvo, de una manera desastrosa inhalo cuanto pudo y para su fortuna se sintió lo suficientemente aliviado.

Con su antebrazo limpio el pequeño espejo para eso lo acerco a su boca luego le puso su aliento para humedecerlo, lo tomo firmemente y quiso verse, lo que vio en ese espejo le provoco un pujido de terror, se talló los ojos y nuevamente miro al espejo, era insoportable todo lo que pasaba, no podía con esto, las fuerzas le abandonaban paulatinamente sintió que sus piernas ya no podían cargar su peso, se desvaneció.

Se desplomo totalmente e inmediatamente quedo profundamente dormido, roncando allí en la acera como un animal.

III

Emanuel se despertó, abrió los ojos, todo aun estaba obscuro aunque de repente pudo escuchar a lo lejos el canto del gallo que anunciaba un nuevo día, brinco de golpe de la cama, corrió a la ventana y de jalón abrió las cortinas entonces miro.

Era un paisaje hermoso, se podía apreciar como detrás de la montaña se miraba que el sol se encontraba ya listo para hacer su majestuosa aparición, el crepúsculo permitía ver como ese barrio de la ciudad, estaba entre el caserío y el bosque, así que si bien es cierto había bastantes casas, el bosque se miraba dominante, verde, lleno de pinos, cedros, eucaliptos, encinos, etc.

Emanuel de golpe prendió la luz, miro la cama y allí estaba Alina, estirándose, estaba justo ahora despertando tal vez por ya era la hora en que lo hacia, probablemente porque Emanuel prendió la luz.

La admiro tan hermosa, con su cabello negro lacio que le llegaba a los hombros, su piel apiñonada, su delgada y fina nariz hacía un juego perfecto con su delgado rostro, cuando abrió los parpados pudieron verse dos enormes ojos color marrón, brillosos, llenos de vida, con enormes pestañas. Ella se sentó sobre la orilla de la cama y Emanuel la miro con una expresión de gratitud, el pego un brinco para abrazarla llenándole el rostro de besos diciéndole que la

amaba.

Alina lo abrazo y lo apretó hacia su pecho, después lo separo un poco

y lo miro a los ojos también le dijo que lo amaba, Emanuel contesto que la

amaba intensamente entonces decidió platicarle su horrible sueño –Menos mal

que es un sueño- y se sintió aliviado de toda esa pesadilla.

Se pusieron de pie, Alina se alisto para ir a correr como cada mañana

se puso un pantalón de estos que son de Lycra muy pegado al cuerpo allí dejo

ver su delgada y fina figura, se hecho encima una sudadera deportiva pues

hacía un poco de frio aun no daban las seis y así se despidió de Emanuel.

Muchas veces el corría con ella pero hoy se disculpo pues había muchas cosas

pendientes, que ni siquiera sabía donde estaban empacados los platos para

desayunar, la sal, condimentos, aceite, café, muchas cosas seguían en cajas o

bolsas, tenía que darle mas forma de hogar a ese departamento.

Cuando Alina regresó después de casi una hora de correr, el sol ya

iluminada por doquier, dentro de la casa era todo un desorden, Emanuel había

sacado todo de manera desordenada. Entre los dos se pusieron a desempacar,

pero sabían que tenían que ir a la imprenta ya que también allí había muchas

cosas pendientes, sería la primera vez que Alina iría para trabajar juntos los dos, ambos se miraron sonrientes se pusieron muy contentos por ello y salieron al garaje.

Se subieron a la camioneta se ajustaron los cinturones de seguridad. Alina empezó a tocar la música loca de la que le encantaba, algo movido y lleno de tamborazos digamos lo más moderno del momento muy acorde a su edad.

La imprenta no estaba tan lejos del departamento si acaso estaría a unos quince minutos manejando, cuando llegaron todos le dieron una amable bienvenida a Alina, ella por su parte se sintió complacida por la amabilidad y gentileza de todos. La imprenta se ubicaba en un local de unos sesenta metros sobre una avenida medianamente transitada. Alina estaría encargada del mostrador de ventas así como la atención al publico en general, Emanuel se metía a la producción y compra de suministros, así pensaron que todo sería mejor. La empresa tendría a lo más ocho trabajadores, y ya sumando a Alina y Emanuel serían diez en total.

El día fue difícil pero encantador a decir de Alina, así fueron a casa temprano con la intención de continuar arreglando las cosas de casa.

Llegaron a casa y continuaron desempacando, era una tarea infinita avanzaron poco luego decidieron descansar, era hora de dormir. Se prepararon como siempre y se echaron a la cama, abrazados y felices, pronto el sueño los venció.

IV

El frio despertó a Emanuel el abrió los ojos, estaba sobre el pasto, hierba seca y basura. Allí como un animal tirado a un lado del camino. Se espantó, pero recordó que lo mismo había pasado un día antes, luego supo que era ese maldita horrenda y desagradable pesadilla, que parecía tener varios episodios.

Lo malo de este sueño es que no podía despertarse fácilmente, se veía en la necesidad de vivirlo tal y como si fuera una realidad, no le quedaba mas remedio que continuar esa falsa vida. Por un momento intentó dormir para ver si podría regresar a su vida real con Alina, pero fue inútil y así sin más que hacer se dispuso a ponerse de pie para luego continuar aunque de mala gana con esa horrible pesadilla.

Volvió a tomar aquel espejo de maquillaje que guardaba en su bolsillo y se miro para nuevamente darse asco por su repugnante rostro, maldijo a todo y a todos, pero asumió que era algo pasajero.

Tenía hambre, sed, ganas de un buen baño, sabía que desgraciadamente la horrible temblorina pronto estaría de regreso sacudiendo su cuerpo frenéticamente.

¿Cómo es que un sueño puede hacerte sentir sensaciones tan reales? ¿Cómo es posible escapar de un sueño que aborreces? Simplemente no hay manera, estas obligado a vivirlo.

Emanuel no encontró respuesta a sus incógnitas, se conformó con caminar con rumbo desconocido en busca de alimentos o algo que pudiera saciar sus necesidades.

Después de deambular por un rato pudo encontrar una calle con algunos puestos callejeros de comida, buscó en sus bolsillos con la esperanza de encontrar algunas monedas o algo que pudiera intercambiar por comida, pero fue en vano, nada había.

La necesidad lo obligo a pedir algo regalado pero los comerciantes lo echaron a patadas del lugar, profiriendo vulgaridades en su contra, fue tratado peor que un animal, y así como un perro con la cola entre las patas Emanuel se fue escapando de aquellos que lo mal decían, pero aun llevaba consigo hambre, sed sin contar un auto estima más abajo de los suelos.

Después de correr lo mas que pudo se miro en un lugar solitario, empezó a llorar su desgracia, se preguntaba como es ¿Qué un sueño puede llegar a tanto? ¿Por qué no despertar ya y vivir la realidad dejando a un lado esta estúpida pesadilla? ¿Cuánto tiempo más estaría condenado a esto?

Se tiro al suelo de nuevo e intentó dormir pero no pudo, a lo lejos vio como una vecina arrojaba desperdicios de comida a la calle y su estomago se retorció, como un perro se acerco a esos desperdicios y tirado en el suelo comió la porquería que hacia las veces de comida, al menos el estomago había dejado de molestar.

Antes, en el camino muy cerca había mirado una casa en proceso de construcción la cual se veía abandonada de momento y allí fue a esconderse. Por fin se sintió aliviado de cierta manera, pues encontró un refugio, era mucho mejor que dormir tirado por la calle. Estaba asustado, temeroso por el desarrollo de esta interminable pesadilla, rogaba que terminara, se encomendó a dios, y rezo.

Por fin se sintió cansado, con sueño y ojos borrosos, lo cual agradeció y por primera vez durante todo el día se sintió contento.

Había probado en tan poco tiempo el sabor de la desgracia, había sentido el desprecio, era impresionante como en ese corto periodo de tiempo había vivido lo peor de su vida.

Emanuel se alegró y supo que el final de la pesadilla había llegado, se despidió de ella con una sonrisa en su rostro esperando despertar en su feliz realidad. Pronto durmió.

V

Sintió los brazos de Alina sobre su cuello y el rostro de ella acurrucado contra su pecho, por fin Emanuel se sintió aliviado, recordó la horrible pesadilla de la que acababa de despertar, suspiro, se mantuvo despierto por unos minutos hasta que Alina abriera sus ojos.

Era un radiante día, el cantar de los pájaros inundaba todos los rincones de el pequeño departamento, los rayos de sol entraban abruptamente por los huecos de las cortinas. La habitación era cálida, se respiraba el delicioso perfume de Alina entre rosas y jazmines.

Alina abrió los ojos y miro hacia arriba encontrando el rostro de Emanuel quien ya hacia despierto desde hace rato, ella sonrió y el devolvió el gesto, se abrazaron fuertemente, sus sentimientos crecían, la emoción del amor se mantenía tenazmente.

Ese día se bañaron juntos y la alegría se desbordaba en esa relación. Se alistaron, entonces decidieron ir a una montaña cercana, hermosa por su verdosidad y tupida por arboles de coníferas.

Al llegar a la montaña se dispusieron caminar por una vereda la cual invitaba a la aventura, el verde se miraba brillante por el ardiente sol que penetraba a través de las ramas de los arboles y así se decidieron por ir a paso lento disfrutando de tan inspirador espectáculo, deleitándose del limpio y puro aire, se sentían libres muy enamorados.

Probablemente se encontraban a la mitad de la montaña en donde cuando se miraba al horizonte era posible apreciar a lo lejos la ciudad llena de bullicio, smog, saturada de casas y edificios. Se alegraron de estar en ese tranquilo sendero, decían chistes, gritaban, reían y se hacían bromas. A veces pasaban algunos otras parejas o personas pues era un sendero bastante visitado.

Llegaron a un claro con bastante pasto que conjuntamente con el sol formaban la perfecta cama que invitaba a recostarse, ambos se tiraron boca arriba. Miraron el cielo esplendorosamente azul con algunas nubes que parecían algodones de azúcar, se imaginaron múltiples formas como caballos andando, perritos, un tiburón y hasta una avestruz que se comía una naranja, era majestuoso lo se divisaba entre las nubes.

Se divirtieron mucho, las horas pasaron como minutos, después se decidieron darse un tiempo para comer. Alina muy previsora saco de entre su mochila unos panes con queso, jitomate, lechuga, perejil y muchas frutas que convirtieron esa comida en un gran festín. No podía ser más perfecto ese momento, el silencio del bosque solo interrumpido por sus carcajadas, que en conjunto se convertían en la más alegre melodía.

Tuvieron que regresar a casa aunque no hubieran querido y esa tarde la dedicaron a terminar de arreglar el departamento. Ya ordenado y con todo en su lugar parecía la mas linda y pintoresca habitación nunca antes habida. Ambos se alegraron, para festejar se tomaron un par de cervezas mientras ponían la música a todo volumen escuchando y bailando canciones de todos los tiempos desde los 20s hasta los 80s y por supuesto que sudaron, brincaron, se divirtieron en grande, de verdad que llevaban una gran vida llena de alegría y emoción.

Pero todo día que inicia tiene que terminar y este había llegado a su fin, era hora de dormir. Como toda pareja hicieron lo que corresponde, desde lavar los platos, acomodar la cocina, ponerse la piyama, cepillarse el cabello, lavarse los dientes y prender la tele para ver un poco de algún programa de esos que no tienen importancia pero permiten estar un rato abrazado de tu pareja y reposar el día. Finalmente apagaron la tv y se desearon lindos sueños. Alina de inmediato entro en el reino de los sueños mientras Emanuel repaso por un rato los buenos momentos de ese día, sin darse cuenta cayo en el los brazos de Morfeo.

VI

¡Esto huele a Mierda! Se dijo Emanuel mientras despertaba, pensó que se había descompuesto el baño pero cuando despertó completamente se dio cuenta que estaba recostado al lado de una alcantarilla asquerosa y repugnante, con basura y fetidez de todo tipo. Le dieron nauseas y corrió alejándose la más posible. Se maldijo y maldijo a todo y a todos. No era posible que la pesadilla regresara de nuevo, se alegró de que solo era un mal sueño, pero aunque fuera un sueño parecía más bien una realidad llena de desgracias.

Se prometió ir con un psiquiatra en cuanto despertara y tomar cualquier tratamiento por difícil que fuera y sin importar el costo, con tal de nunca mas volver a vivir esta desgraciada pesadilla, pero mientras, no le quedaba mas que vivir este desdichado sueño y ni modo continuar adelante.

Por experiencia sabía que no le era útil tratar de dormir para despertar de este maldito sueño, tampoco le era posible tratar de olvidarlo de otro modo, así que no había mas remedio que continuar con esta desgraciada vida o más bien con este desgraciado sueño.

Y así se decidió por caminar tratando de descubrir un poco los alrededores. Como siempre tenía hambre, sed, nervios, otros tantos males y padecimientos que por tantos que eran ya no los tomaba tanto en cuenta.

Al poco rato se encontró con calles llenas de gente, como un tianguis de puestos ambulantes de comida, ropa de segunda mano, fierros viejos, artículos baratos de esos que no sirven para nada pero todos compran, mientras pasaba por allí la gente le rehuía, el mismo era consiente de su mal aspecto y seguro de su mal olor que él ya no podía percibir porque ya se había acostumbrado al mismo. Pero sabiendo que era un sueño se le hizo fácil atreverse a seguir adelante.

Mientras caminaba sintió un golpe fuerte que le adormeció el cuerpo el cual lo hizo caer como un costal, perdió el conocimiento por un momento, cuando quiso reponerse de esta caída en otra parte del cuerpo volvió a sentir el mazo que lo tundió por completo. Ya abajo en el suelo ligeramente recuperado alzo un poco la vista y de reojo miro un tipo de mediana edad con un palo y este amenazante le dijo –¡Lárgate de aquí desgraciado malviviente no te quiero ver por estos rumbos!-

Como pudo, todo adolorido no solo por los golpes si no también por este desgraciado acontecimiento y por este maldito sueño Emanuel se levantó. Corrió sin rumbo, al voltear el rostro miro a lo lejos que junto a este hostigador había algunas personas más quienes se alegraron y carcajearon de la desgracia de Emanuel quien huyo como pudo tratando de encontrar un lugar donde esconderse hasta que desapareció de todos.

Su corazón latía a punto de salirse de su cuerpo y en silencio lloraba, estos golpes se sentían de verdad, ahora dudaba de que fuera un sueño, pero rogaba a dios despertar y terminar con esa pesadilla. El hambre era mayor, la tristeza lo invadía y nuevamente pensaba en morir como una única solución.

No sabía que hacer, todo estaba en su contra, por momentos dudo de la existencia de dios, pero también pensó que tal vez esta era solo una difícil tarea, una prueba, una misión divina. De seguro que algo mejor vendría, ya nada podía ser peor.

Camino un rato, de hecho reconoció las calles y pudo encontrar el camino de regreso a aquella casa en construcción que se había convertido en su refugio, cauteloso entro y se acomodo en un rincón lejos de la alcantarilla asquerosa.

Entonces se tiró al suelo y lloró por horas hasta que durmió.

VII

El gallo volvía a cantar y el perfume que tanto amaba de Alina se percibía enseguida, Emanuel no pudo encontrar más alegría que el despertar de tal manera. Pensó en contársela a Alina, pero también consideró que era innecesario contar tan repugnante situación, en vez de eso se decidió por besar decenas de veces el rostro de ella y decirle lo tanto que la amaba.

Después se fue a la cocina preparo un café con leche espumeada y se lo llevo a la cama y se lo entregó a su amada, ella sonrió.

Alina como cada mañana se alisto para ir a correr con su ropa deportiva, esta vez ella se decidió por unos shorts color rosa y una playera gris con la figura de un gatito corriendo. Emanuel en esta ocasión se alisto para ir con ella, de vez en cuando acompañaba a Alina en su trote, así entonces se vistió con lo primero que encontró calzando unos zapatos deportivos verdes.

Corrieron por el bosque que estaba cercano a su departamento, pasaron por un cercado lleno de caballos, Alina se regocijo de ver los equinos rebosantes que hizo jurar a Emanuel que irían a montar caballos el siguiente fin de semana, después pasaron al lado de un rio lleno de patos y cisnes que nadaban lentamente cerca de la orilla.

Después de algunos kilómetros de trote llegaron a una cafetería. Reposaron entonces por un momento en una mesa que daba al exterior justo en la terraza con vista a la estación del tren que quedaba de camino. Emanuel pidió un café y Alina prefirió un capuchino, en ese lugar juntos pasaron por lo menos treinta minutos y aunque con ganas de seguir platicando y disfrutando del momento, se dirigieron a casa pues habría que empezar el día, en la imprenta había mucho que hacer para entonces ya eran casi las nueve de la mañana.

En la imprenta todo iba bien y la clientela aumentaba, tanto que Emanuel empezaba a buscar un lugar mas grande para poder mudarse y así poder satisfacer los múltiples pedidos que día a día se incrementaban gracias a todos los clientes satisfechos.

Por la tarde ya después de la comida Alina y Emanuel se dispusieron por ir al cine a ver una película de terror, a decir verdad, Emanuel era un cobarde con ese genero de filmes pero Alina lo obligaba pues ella siempre elegía los días y películas que habrían de ver, el a veces en contra de su voluntad siempre aceptaba. El mirar feliz a su amada era su recompensa.

Por la tarde-noche ya de regreso a casa en el camino un restaurante de cortes argentinos era una excelente opción. Tenía muy buena reputación en su calidad de comida aunado a sus precios justos, casi siempre estaba lleno, por suerte hallaron una mesa justo en el mejor lugar.

Los deliciosos cortes, con un queso asado, maridados por una botella de vino tinto un poco fría, la música relajante, la chimenea cerca de la mesa, la vista hacia un tupido e iluminado jardín, todo encajaba perfecto, como mandado hacer.

Sencillamente el resultado de la cena fue una cita de amor, tal cual como el preámbulo perfecto de un encuentro sexual entre dos amantes. Sedientos de amor, deseosos de pasión.

Cuando el amor es puro los motivos sobran, la pasión es incontenible, terminan los tabúes, los limites se acaban. Alina y Emanuel poco a poco perdían la razón, solo la descendía los detuvo a no hacer el amor en ese restaurante, aunque en sus pensamientos sus cuerpos ya estaban desnudos, rozándose piel con piel.

Salieron de prisa del restaurante, estuvieron a punto de desnudarse en el estacionamiento, prefirieron esperar un poco, con impaciencia se fueron a casa. Ya entrando en el departamento no se había cerrado bien la puerta cuando sus ropas volaban por doquier, ya desnudos llegaron a la cama, el la recostó lentamente, la miro fijamente a los ojos, ella respondió con otra mirada tímida pero fija hacia el, entonces vino el amor desenfrenado, alocado, hasta un

41

poco vulgar, pero eso no importaba, ellos se amaban. Sus cuerpos estaban tan calientes que sudaban, el esfuerzo era brutal, gritaban de placer. En ese momento sin saberlo engendraban una nueva vida.

Finalmente se abrazaron por largo rato, pero el cansancio los venció y así dentro de poco durmieron totalmente desnudos sintiendo el calor de sus cuerpos.

VIII

Emanuel amaneció en el mismo rincón donde había llorado en silencio, cuando reaccionó, recordó que aquella pesadilla que ahora se repetía noche a noche era ingrata con el, también comprendía que lo que vendría sería igual de amargo o peor que días anteriores. Se estremeció al saber que tendría que hacer frente a nuevas desgracias, adversidades y quien sabe cuantas cosas más. Quiso armarse de valor, pero no pudo.

La tristeza verdaderamente lo desvaneció, pero a la vez la necesidad de hacer algo, su hambruna y sus dolores lo llevaron a ponerse de pie y decidirse por cambiar esa desgracia en algo mejor. Pensó poco y decidió hacer lo que el sabía hacer "TRABAJAR". Emprendió camino a ir a buscar trabajo de lo que fuera para poder obtener algo para comer y así mejorar esta pesadilla.

Su desgracia empeoro cuando queriendo hacer algo y pidiendo trabajo por donde podía era echado y despreciado peor que un perro sarnoso, peor que una rata. Tal vez Emanuel no se había dado cuenta de su verdadero aspecto repugnante, mal oliente, completamente asqueroso. ¿Pero como cambiar? ¿Cómo hacer que la gente lo aceptara?

Después de un rato de decepción y lamentaciones Emanuel nuevamente concluyo que esto es solo un sueño, luego pensó: ¿que podría suceder si el hiciera algo malo? Dicho en otras palabras, robar o matar o dañar a alguien no tiene consecuencia en un sueño, pues es eso solo algo en la imaginación, en la mente, no tiene implicaciones malas para nadie. Más bien dicho, los delitos existen solo y únicamente en la vida real, lo que imagine, piense o viva en mi subconsciente no es castigado por ley alguna, tal vez sancionado por la moralidad, pero nada más.

Entonces se dirigió a una calle solitaria, realmente poca gente caminaba por allí, donde habían pocas tiendas abiertas, Emanuel estaba bastante temeroso pues el había sido incapaz de hacer algo deshonesto en contra de alguien, el no sería capaz de dañar a nadie, ni siquiera de molestar a una mosca. Pero tenía hambre y se sentía mal, la pesadilla parecía verdad y entonces se decidió. Encontró a su victima: una pequeña tienda conectada con alguna habitación interior, al parecer los dueños estaban al interior de la casa mientras no habían clientes y cuando alguien entraba sonaba una especie de campanilla entonces salían del interior del hogar, de la habitación pues a atender la pequeña tienda.

Emanuel estuvo unos minutos afuera mirando, planeando su delito, tuvo que esperar poco, encontró el momento idóneo precisamente cuando no se veía a nadie por la calle, entonces aprovecho la ocasión de que visiblemente no había nadie en la tienda, entro como de rayo y tomo tres paquetes, al igual que una bolsa de algo que no pudo precisar lo que era en ese momento, no se detuvo ni una fracción de segundo, era importante cometer el crimen rápido y sin titubeos. Así fue, de hecho, cuando la campanilla que se activaba para avisar que entraba algún cliente apenas terminaba de sonar cuando Emanuel ya estaba afuera emprendiendo su huida.

La señora ama de casa que atendía la tienda se tomo su tiempo para lavarse las mano, pues estaba cocinando, cuando salió a atender a su cliente se encontró con que no había nadie, pensó que habría sido un animal que entro y salió o que la campanilla se había activado por el aire o algo así, de hecho, no le dio la más minima importancia al asunto luego regreso a sus actividades cotidianas, en ese momento estaba cocinando albóndigas y pasta. Por cierto ella nunca se daría cuenta del robo perpetrado por Emanuel pues no llevaba un inventario de la mercancía de su diminuta tienda.

Emanuel por su parte seguía su huida no paro de correr sino hasta llegar a esa casa a medio construir que de momento se había convertido en su fortaleza. Cuando finalmente llegó se sentó sobre el suelo, después aventó su botín, se sintió arrepentido por haber robado pero a la vez satisfecho de haber logrado algo para comer, eran ya varios días de hambruna.

Comenzó a abrir los paquetes con una ansiedad indescriptible, algo de la comida callo al suelo y comenzó a engullir todo lo que podía. Entre las bolsas había pan, frituras y frutos secos. A Emanuel le pareció el mejor de los manjares que hubiera probado. Cuando se sintió satisfecho guardo lo que quedaba de vuelta en las bolsas, las escondió como pudo como si se tratara de un gran tesoro, más tarde, sería la cena y dejaría algo para el desayuno.

Por fin sació esa terrible hambre, su cuerpo lo agradeció, se sintió tranquilo de momento, relajado, era la primera vez que sonreía de verdad durante todas estas pesadillas, estuvo así por un rato hasta que sin darse cuenta comenzó a obscurecer y decidió comer alguna otra parte del ahora reducido botín, dejó un poco para el día siguiente solo en caso de ser necesario, rezaba porque la pesadilla no regresara, pero por si las dudas empezaría a prepararse y si la tormenta regresaba algo tendría para cubrirse. Después durmió profundamente.

IX

Amanecía y el perfume que adoraba volvía a llenar los rincones de la habitación y a penetrar en lo mas profundo de sus pulmones, tanto que podía sentir el aroma en sus venas y hasta en sus entrañas. Así, en los primeros momentos de su despertar, esos aromas hacían regocijar a Emanuel, quien en verdad agradecía esas mañanas no solo porque de verdad eran hermosas sino porque también la diferencia entre su realidad y su pesadilla era enorme. Eso le hacia valorar los buenos momentos.

Ahora pensaba Emanuel que nada importaba más que esa felicidad que le proporcionaba su amada Alina, su realidad fácilmente opacaba la desgracia de las noches, por lo que el mal sabor de boca del mal dormir por las pesadillas, de inmediato se esfumaba al sentir el aroma de Alina. Cuando el tocaba su sedosa piel color porcelana, la pura sensación le hacia sonreír de extremo a extremo, "no había mejor satisfacción en el mundo" -pensaba-.

Quería no dejar ese momento y aferrarse de el para siempre, pero sabía que tenían que empezar el día, aun así, se dio el tiempo de abrazar por otros minutos más a su amada, y ella dulcemente lo agradeció dormitando otro poco sobre el desnudo pecho de Emanuel. Al cabo de un rato salieron a trabajar pero se decidieron a dejar temprano el trabajo con la idea de ir al zoológico.

A decir verdad, la feliz pareja siempre estaba planeando nuevas aventuras y lugares que visitar.

Ya en el zoológico se comportaron como niños: corrían, jugueteaban, brincaban y se divertían con los animales. También cuando leían la ficha informativa de cada animal se emocionaban y se interesaban bastante, tanto que al otro día harían una pequeña donación económica a alguna institución de ayuda a animales en peligro de extinción.

De allí en adelante Emanuel se diría así mismo que era un orangután y Alina diría que es ella era un poni, cosa que les causaba mucha gracia, los dos se decían mutuamente sus apodos y se congratulaban por ello. Nadia podía ser más feliz en el mundo que esa notable pareja, que al mirarla desde lejos irradiaba felicidad y las constantes carcajadas eran prueba de ello.

Esa tarde se prometieron que trabajarían arduamente hasta hacer muy grande su imprenta, querían que su negocio fuera muy exitoso teniendo innumerables clientes. Después con el tiempo podrían tener varias sucursales, gerentes, muchos empleados. Consideraron que pasados unos cinco ó diez años todo iría muy bien, sería momento de planear un bebe. Para entonces tendrían la solvencia económica suficiente, pero también la madurez y tiempo para atender con paciencia, amor y cariño a su criatura, el fruto de su amor.

De regreso del zoológico compraron unas palomitas, nachos, botanas, refrescos. Posteriormente y sin hacer mayores escalas llegaron a casa, de inmediato se recostaron en la cama para ver una película de vaqueros elegida por Alina, a ella le encantaban ese tipo de aventuras e hizo prometerle a Emanuel que la llevaría a donde hacían esas películas, el de mala gana acepto, al final el haría todo lo posible con tal de verla feliz.

Alina se durmió pronto justo cuando apenas empezaba la película. Emanuel termino viéndola toda, el filme aunque de muy mala calidad emociono a Emanuel con su trama, balazos y amor entre apaches y vaqueros. Puso el temporizador mientras iniciaba una segunda película, ahora de fantasmas y cosas paranormales, pronto el también durmió, no sin antes besar bastantes veces a Alina quien se miraba que soñaba alegre y muy profundamente.

X

Despertó y lo único que pudo oler fue aquello que es entre cemento y humedad, también percibió un poco de la comida de un día antes porque quedaba algo que había guardado y las envolturas aun yacían en el suelo. La mañana era ligeramente fría pero soportable.

Cuando se incorporó por completo se dijo así mismo: -hombre prevenido vale por dos-. Se contentó por tener algo que desayunar en esa amanecida, lo que había lo comió muy lentamente, hubiera agradecido un café o alguna bebida caliente que siempre combinan muy bien con la mañana. Hecho de menos los buenos desayunos a que estaba acostumbrado pero sin pensarlo tanto comió lo que había. Todo lo saboreo como se disfrutan los grandes platillos, masticaba lentamente degustando cada ingrediente, al grado de que no envidió a nadie en ese momento.

Desgraciadamente todo lo que empieza tiene su fin y el fin del desayuno llegaba en ese momento, se dio cuenta de que no tendría nada más para ese día entonces planeo un nuevo asalto, bien sabía que no encontraría trabajo ni siquiera por casualidad. Le quedaba ese mal sabor de boca de que había sido humillado y despreciado peor que a un perro sarnoso, ese sabor del fracaso de haber sido derrotado, de haber estado tendido sobre el suelo. Pero luego se sonrió cuando recordó el éxito del robo de un día antes, por minúscula que fuera; esa era su victoria.

Decidió buscar a su nueva victima, se dispuso a caminar hacia una parte desolada de la ciudad muy distinta al área del crimen anterior para no llegar a ser reconocido. Primero encontró una pequeña tienda donde puso su mirada, pero el problema es que había un niño allí cuidando, en un principio pensó que el niño se iría a jugar o se entretendría con algo que lo hiciera descuidar su puesto de vigilancia, pero pasaron casi dos horas y el niño allí seguía, pensó que si continuaba merodeando algunas sospechas podrían generarse y su plan terminaría como un desastre, así que el mismo se dijo que era hora de abortar la misión, sin más, comenzó a caminar sin dirección en espera de encontrar algo mejor.

Para su buena suerte por el camino miro una iglesia donde habían varios mendigos en una fila, lógicamente se imagino que algo de comer darían allí, lo cual era cierto.

Para su buena suerte como si fuera un regalo divino, al interior del templo yacía un comedor de caridad y este estaba justo frente a él.

Era la hora de comer, monjas y personal de asistencia se preparaban para servir. Se formó sin pensarlo, al poco rato cuando su turno llego le fue servido un platón con una sopa color café, que pretendía ser de pollo con verduras, aunque nunca pudo encontrar el pollo, y a decir de él las verduras sabían a nada. Ciertamente no se puede esperar encontrar un banquete en un comedor de caridad.

Mientras estuvo en la fila algunos mendigos le sonrieron parecían conocerse entre ellos y conocerlo a él, trataban de darle la bienvenida como uno más de ellos. Sin embargo, Emanuel se mantuvo serio y callado, pensó que no tenía caso hacer amigos en una pesadilla. De hecho, cuando comió buscó el rincón más alejado, luego se puso en el suelo evitando así compartir mesa con algún desconocido.

Al terminar de comer una asistente social le pidió a Emanuel que lavara el plato y utensilios usados, mientras el lo hacia la asistente social trataba de preguntarle su nombre pero Emanuel se apresuró a lavar lo que tenía allí, prácticamente salió corriendo hacia su guarida donde se sintió más cómodo. La soledad le reconfortaba y la gente lo hacia sentir mal.

Al poco rato de haber comido otra vez tenía hambre, esa noche se hecho y durmió con reclamos del estomago. Antes de dormir se lamentó el no haber podido robar comida pues, de haber sido el caso tendría algo para esa noche y a lo mejor para la mañana siguiente, de ser así su estomago estaría satisfecho.

XI

Emanuel sintió el calor de Alina, quien estaba de espaldas contra su pecho, los brazos de Emanuel cubrían el cuerpo de ella. Abrazándola, él podía escuchar ligeramente su respirar, también miraba como su delicado y fino cuerpo se inflaba ligeramente cuando ella inhalaba y este se volvía pequeño al exhalar. Emanuel sintió como su nariz casi tocaba el cabello de su amada, podía percibir las deliciosas fragancias que de ella emanaban.

Nada se comparaba con la emoción que el sentía en esas mañanas, sentía como si el naciera de nuevo, como si una nueva luz llegara a su vida, una sensación que de manera fulminante destrozaba las tinieblas y la obscuridad de la maldad que lo envolvían y lo sumergían en tremendas pesadillas que ahora parecían interminables y que se repetían noche a noche.

Emanuel con solo estar al lado de su amada percibía una tranquilidad celestial que invadía cada rincón de su cuerpo.

Deseaba permanecer así por siempre, que aquellos instantes se volvieran eternos y congelar el tiempo de manera indefinida con tal de apreciar y gozar la presencia de su amada Alina.

Pero también vanagloriaba el momento en que ella comenzaba a despertar, cuando ella lentamente abría sus hermosos ojos y se marcaba su primera sonrisa del día, fijando su mirada hacía el y diciéndole te amo. El le correspondería apretándola con fuerza hacía su corazón e insistiendo que él la amaba más a ella de lo que ella lo amaba a él. Ambos empezarían a discutir tratándose de dar argumentos para demostrar quien quería más a el otro.

Emanuel fijaría ese momento en su mente como el mejor de sus recuerdos, como una pintura al oleo pintada por una mano divina. En sus pensamientos se detenía a mirar con detalle ese recuerdo, aquella obra maestra en el rostro de una mujer y así por ejemplo se detenía a contemplar los pequeños hoyuelos que se formaban en los extremos de su sonrisa, de cómo algunos mechones de cabello cubrían ese angelical rostro, y que decir de el brillo de sus enormes ojos que tras de estos yacía una profundidad inmensa que podría llevarlo a la más infinita inspiración.

Frecuentemente los enamorados gustaban de bañarse juntos e inocentemente pretendían avergonzarse de verse desnudos uno a otro a pesar de que conocían sus cuerpos mutuamente mejor que el de ellos mismos.

Mientras Alina terminaba de arreglarse Emanuel empezaba a preparar el desayuno, ese día particularmente picaba unos hongos, con cebolla, después los mezclaría con huevo, agregaría sal y pimienta, trataría de no dejarlos tan secos pues a Alina le gustaban a medio cocer.

Desayunaron con café y jugo de naranja, lo hicieron con toda calma, Alina tomaba el tenedor lleno de comida y lo introducía lentamente en la boca de Emanuel quien con una sonrisa lo comía, él se sentía feliz de poder desayunar de esa manera. En un descuido la comida cayo sobre la camisa de Emanuel casualmente este día vestía color blanco, pero en vez de enojarse esa situación más bien le causo múltiples carcajadas, tantas que incluso estas le arrancaron unas lagrimas. Nada podía hacerlo más feliz.

Después de este alegre y tardado desayuno recordaron que tenían que ir a trabajar se miraron por unos segundos seriamente y después ambos explotaron a carcajadas. Tomaron las cosas que necesitaban llevar a la oficina se apresuraron y después se subieron a su vehículo, Alina cantaba como desesperada ese día pero a Emanuel no le molesto.

Ese fue un gran día, lleno de alegría, trabajo en equipo, éxito, nada hizo falta, si la vida fuera así eternamente podría ser mejor que el cielo, pensó Emanuel. Desgraciadamente el sabía que la felicidad tenía un costo y lo tendría que pagar con dolor y lagrimas en sus repugnantes sueños. Pensó que a causa de la infinita felicidad que vivía tendría como un castigo sus visiones al dormir.

Más tarde al llegar el preciso momento, con miedo cerro los ojos en espera de su desgracia, el pago por el precio de su felicidad.

XII

El estomago y todo su cuerpo le reclamaban. Emanuel se sentía débil, desanimado, lo único que lo movía era el instinto de supervivencia. Todavía le quedaba un poco de la sensación de la comida de ayer que había sido sinsabor.

No le habían quedado ganas de regresar a aquella iglesia, se preguntaba ¿si habría otra iglesia o convento o algo que diera algo mejor? No esperaba que le dieran un banquete, pero si deseaba que el caldo de pollo llevara una pieza de carne o por lo menos unos trozos de pechuga.

Se imaginó ese caldo de pollo con cebolla y fideos, con pan recién horneado. La boca se le hizo agua, se prometió así mismo que no descansaría hasta ver ese caldo en sus manos, justo estaba imaginándolo cuando el rugir de sus tripas lo interrumpieron y se dio cuenta que tenía que actuar inmediatamente.

Así se levantó y tomó camino hacia una colonia diferente a la que había estado el día anterior, miraba de cerca a las iglesias con la esperanza de encontrar algún comedor para vagabundos pero ese día no era su día de suerte, y por mas que miro nada encontró.

Cuando se dio cuenta que habían pasado muchas horas sin éxito, corrió como desesperado pensando en que podría encontrar de nuevo aquel comedor de caridad de un día antes, se dijo así mismo –es mejor tener algo en el estomago aunque sea una porquería-. Pero cuando llego a aquella iglesia donde yacía el comedor ya se encontraba todo cerrado y no se permitía más el acceso a otros mendigos pues el alimento estaba limitado y solo alcanzaba para algunos. Al darse cuenta de su fracaso dio un pisotón con fuerza mostrando su molestia, pero eso no resolvía las cosas y sin quererlo se tuvo que ir del lugar a regañadientes. El destino y las circunstancias lo orillaban, pues no le quedaba otra opción más que robar.

Y así se puso a planear su nuevo crimen, entonces decidió esperar a que la oscuridad lo cobijara, pues la oscuridad es buen cómplice de los amantes y de los delincuentes y ayudaría a esconderlo entre su obscuro manto, escaparía así del lugar de los hechos sin que fuera descubierto. Entonces buscó un parque, allí tendría fácil forma de escapar, difícilmente la policía lo detendría.

Se dispuso después a buscar a su victima, el estaba escondido detrás de unos arbustos cuando vio a una mujer mayor que caminaba uno de los andadores, sin pensarlo dos veces se abalanzo sobre ella y puso su mano como si fuera una pistola, la viejecita en un principio se espantó, se puso blanca de miedo, su corazón se acelero, pero de inmediato miro la mano y descubrió la falsedad del arma lo cual le genero una carcajada muy grande, así tratando de manejar la situación siendo ella muy experimentada de inmediato saco un billete "el primero que encontró en su bolso" y se lo dio a Emanuel, este tembloroso y muerto de susto lo cogió mientras miraba a los ojos de la anciana mujer, ella encontró su mirada y entonces ambos sintieron un escalofrió profundo pues estaban seguros de conocerse mutuamente, justo ella iba a decir algo cuando se escucharon unos pasos, Emanuel temblado de susto corrió como pudo y se introdujo en la oscuridad su alidada, para así perderse y quedar lejos de la vista de todos.

La persona que se acercaba era un caballero entrado en los cincuenta quien se percato de lo sucedido, rápidamente se acerco a la viejecita para ayudarla, ella lloraba entre tristeza y alegría, y el le pregunto:

- Señora ¿esta bien?, ¿se siente bien? –

- Si, muchas gracias-

- ¿Quiere que le lleve a un medico? ¿Desea que le llame a la policía?

- ¡No!, ¡no!, no es necesario, estoy bien, creo que es mi hijo.

Y dijo ella con mucha emoción

-¡Esta vivo!, ¡Esta vivo! Bendito sea el señor.

Junto sus manos en forma de plegaria y miro al cielo cerrando sus ojos y sonriendo. Se lamentó no haberle dado todo el dinero que traía a Emanuel, también se lamentó de no haberlo reconocido de inmediato. Con el rostro embarbecido, sucio y descuidado nadie lo hubiera podido reconocer, solo una madre.

Ella cambio de opinión pidiendo al caballero que le llamara a la policía o que la llevara a la comandancia, llevaba años buscándolo, hoy sabía como encontrarlo, no había tiempo que perder.

Emanuel mientras tanto seguía corriendo, se sentía destrozado, con miedo, no tenía corazón para cometer crímenes, estaba asustado, también quiso regresar a devolver el dinero que había robado, pero seguro que la policía lo agarraría. También recordó el rostro muy familiar de su victima y esto le hería su corazón y lo mantenía intrigado. ¿Quién era esa mujer? ¿Porqué al mirar a esa anciana tuvo la sensación de haberla conocido desde hace años? No había ya manera de regresar el tiempo y asintió los acontecimientos, aunque con remordimiento.

Se dirigió a su guarida, en el camino gasto el billete que era de alta denominación, este representaba lo suficiente para comprar víveres para casi un mes. Compró así lo más barato que encontró, latas, pasta, galletas, leche, también champú, peine, unas tijeras, una navaja para afeitar, un bolígrafo, una libreta, y un kilo de periódico viejo.

Esa noche a pesar de su enorme hambre no pudo cenar por el enorme remordimiento que lo aquejaba, aunque tanto correr lo agoto y el agotamiento lo durmió fácilmente, al cerrar los ojos sintió la sorprendida mirada de la viejecita, así cayó en profundo sueño.

XIII

Emanuel abrió los ojos y se quedo pensativo, su pesadilla cada vez se estaba volviendo más complicada, una trama se avecinaba.

En sus sueños ahora se encontraba con este tipo de episodios, los cuales le hacían poner en duda su propia existencia. Pareciera que oculto había un pasado que el desconocía, deseaba ansiosamente poder recordar todo lo que sabía de esa pesadilla y así poder decirle a la viejecita que posiblemente el era su sobrino, su nieto o su hijo y que le sería grato estar con ella, así cambiaria el sentido de esos horribles sueños por algo mejor, deseaba con toda su fuerza poder controlar sus sueños, pero no le era posible.

Aun no amanecía, él permanecía inmóvil para no despertar a Alina. Se mantuvo pensativo por un rato más hasta que los primeros escurridizos rayos de luz se colaron entre los huecos de las cortinas, empezando de esa manera el anuncio de un nuevo día.

Todo se desarrolló como siempre, alegría, chistes, besos, caricias, y el trabajo. Ese día Alina deseaba visitar a su madre y Emanuel aprovecho la ocasión para reunirse con sus amigos y a las dos y media de la tarde, se encontró en la Cervecería del Centro. Tal como si fuera inspector gubernamental lo primero que hizo fue echar un vistazo a toda la taberna, no pudo encontrar a sus amigos ni a nadie conocido, sin duda el era el primero. Conforme avanzaba el reloj los demás amigos fueron llegando hasta juntarse uno seis en la misma mesa.

Poco a poco las cervezas comenzaron a desfilar por la mesa fabricada con solida madera, llegaron también botanas y platillos que se acostumbraban en ese lugar. Todos hablaron poniéndose al tanto de las noticias, chismes y rumores de los últimos días.

Mientras llegaba una ronda de cervezas, unas aceitunas, jamón y queso, Emanuel les platicaba de todo lo acontecido con su nueva vida, pues, hacia mucho que no daba la cara en esas reuniones con los amigos. Les platicaba lo bien que les estaba yendo, de cómo Alina era una gran mujer y aunque con discusiones de vez en cuando todo era felicidad y con sabor dulce.

Emanuel sostuvo que siempre habrán de existir desacuerdos "después de todo si no hay discusión en la relación, no hay amor," y afirmaba "nos enojamos porque nos amamos ¿porque molestarse en enojarse con alguien a quien no amas?"

De allí pasaron a platicar de los chismes de los y las amigas, que si esta andaba con aquella y la otra era casada y además la vieron salir de un motel con otro y así.

Otra ronda de cerveza llegaba y con esta unos trozos de res azada y en otro plato pulpo picado con mantequilla, con la cerveza y los amigos estos platillos se convertían en un verdadero manjar. Alguien trajo a la mesa algunos temas de la política y todos concluyeron que los políticos eran unos rateros, puercos y empedernidos, que la sociedad era movida por el trabajo de la gente, por los empresarios que ponían en riesgo todo para sacar adelante la economía de este país. Tema que aunque entretenido provocaba algunos manotazos a la mesa y gritos de discusión porque entre ellos mantenían diferentes puntos de vista al respecto.

Cuando llego el tema del futbol ya iban por la quinta ronda de tragos, todavía quedaban algunas aceitunas y algo de queso, pero allí ¡Madre de dios! Parecía que iban a pelear. Los gritos y discusiones llegaban a todos los rincones de la taberna y más allá, los manotazos a la mesa eran firmes y sonoros. Afortunadamente no era la única mesa que discutía, pues el bar estaba repleto de amigos que discutían y alegaban al calor de las copas, todo como una manifestación de alegría. Allí contentos y emocionados la gente se desahogaba y disfrutaba la vida a su manera.

En el transcurso de la comida, varios amigos se despidieron pues increíblemente tenían que regresar a trabajar, pero Emanuel, aunque responsable en su trabajo había decidido tomarse la tarde, pues pocas veces lo hacía. Otros dos amigos se quedaron con el, uno porque casualmente era su día de descanso y el otro porque simplemente no quiso regresar a trabajar esa tarde. Misma situación aconteció en las otras mesas de la taberna hasta que solo quedaron pocos clientes la mayoría de estos se miraban alegres y ya avanzados en copas.

Fue en ese momento cuando Emanuel ya al calor de unos tragos decidió platicarles a sus amigos sus horribles sueños. Les explico de cómo en sus pesadillas despertaba como si tuviera otra vida, viviendo una trama que corría noche a noche, que tenia una clara secuencia como capítulos de serie televisiva. Los otros se quedaron estupefactos, pensativos con la cerveza en mano y tocándose la barbilla como analizando el caso y tratando de decir algo. Frank empezó a decir:

Pues yo también pase algo así, tenia algunas pesadillas pero yo creo que me pasaba porque par entonces acostumbraba a cenar mucho, entonces lo que hice fue sencillamente dejar de cenar tanto y por si las dudas antes de dormir me tomo un trago de un buen vino, me ayuda a hacer digestión, me hace descansar y amanezco como una fresca lechuga.

Damián dijo lo propio:

-Yo estoy muy de acuerdo, eso de tomarse un buen trago te ayuda y te evita pesadillas. Aunque lo que más recomiendo para que caigas rendido y encuentres alegres sueños es que compres un buen libro de chistes, eso siempre hago yo, me pongo a leerlos antes de dormir y sueño con los chistes. Ahora, que si te compras una revista de muchachas, de esas que están desnudas, también las vas a soñar eso también lo hago, pero cuidado con tu señora, porque si te la encuentra seguro te manda al hospital- Todos se carcajearon y estuvieron así por un buen rato.

Emanuel miro su reloj y se despidió pues tenía que pasar por Alina a casa de la Suegra los otros se quedaron hasta quien sabe que horas, pues justo cuando salía Emanuel ya les llegaba una nueva ronda de cerveza.

Emanuel no lo dudo y en el camino paro en un centro comercial y compro un par de botellas de buen vino, después se dirigió al están de revistas, allí tomo un libro de chistes, sin querer su mirar lo traiciono y volteo a donde se encontraban las revistas para adultos tomo una de manera dudosa casi de inmediato reculo y la regreso a su lugar, pensó que sería mejor no provocar a Alina, -todos llevamos una bestia adentro, será mejor no despertarla- Pensó.

Después recogió a su amada en casa de su suegra, no quiso entrar a la casa con la escusa de que traía un dolor de muela que casi no le dejaba hablar, pero más bien era para evitar que sus suegros olieran su aliento cervecero. Alina se enfado un poco y ella manejo de regreso a casa. Todo fue felicidad después de todo y se fueron a dormir. Claro que Emanuel siguió la receta, se tomo dos buenos tragos de vino por si las dudas y se hecho a leer el libro de

chistes y enseguida cayo al reino de los sueños.

XIV

Otro día más, Emanuel despertó abruptamente. Recordó lo que sus amigos abrían recomendado para evitar los malos sueños, se dio un par de cachetadas y abrió bien los ojos. Era la ultima esperanza que tenía de terminar con esas pesadillas, se creyó curado, pero cuando abrió los ojos se los tallo y miro que no estaba en su recamara, después se toco la cara y sintió la barba, la situación lo decepciono.

-¡Cuando dios mío, hasta cuando me dejaras de hacer sufrir, que hice porque este cruel castigo! Gritaba Emanuel mientras miraba hacia el cielo haciendo ademanes.

De inmediato recordó el cruel episodio de la viejecita y se culpo tanto como si el hubiera sido el peor criminal del mundo, se golpeo la cabeza contra un muro en varias ocasiones como una autoflagelación, castigándose así y tratando de sentirse mejor. Las lagrimas recorrían sus mejillas, la desesperación lo invadía, como queriendo que la tierra se lo tragara o que un rayo callera en ese momento y acabara con todo.

Después miró todo lo que había comprado, era un bulto lleno de cosas, por miedo había comprado muy rápido, no había puesto atención a detalle de cada una de las cosas, se acerco y comenzó a revisar las cosas.

Mientras lo hacía se decidió que trabajaría, así una vez que ganara el suficiente dinero caminaría por todos lados seguro que lograría encontrar a la viejecita y pagarle lo que le había robado, digamos que pensaba que lo había tomado como un préstamo, le explicaría a la señora su desgracia, y que se había visto orillado a hacerlo pero que el era una buena persona y como muestra le entregaba de vuelta su dinero, con una disculpa, una caja de chocolates y si así se le exigía estaba dispuesto a pagar algún interés.

Seguro la anciana lo entendería lo perdonaría, aceptaría los chocolates y el dinero y tal vez hasta lo invitara a tomar una taza de te y serían grandes amigos. –Las cosas pasan por algo y creo que esto debe de ser parte del destino- pensó y suspiro mirando un futuro muy distinto a ese despreciable presente. De alguna manera se animo así mismo con esas reflexiones.

No se sintió del todo bien con esa suposición pero, no podía quedarse con el pesar de su delito para siempre. Sintió que la vida debía de avanzar, tendría que mirar hacia el frente, superar cualquier adversidad, concluyo que en el estaba el que le fuera bien o mal.

Comió lo que pudo como desayuno, galletas, atún, jugo en lata, y hasta unas donas. Justo terminaba su ultimo bocado cuando empezó a llover, de momento se quedo pensativo pero de inmediato una gran sonrisa se le pinto en su rostro detrás de las enormes barbas que le colgaban. Comenzó a brincar de alegría, ¡tal como si dios estuviera de su lado se figuro que el señor lo había escuchado!

Hacia un poco de frio pero no le importo, salió al patio de esa casa en obra negra que para su fortuna tenía un muro por ese lado y no se podía ver hacia la calle, se desnudo y aventó sus ropas sobre el concreto, bailaba de alegría, tomo el champú que un día antes había adquirido, se baño, se rasuró, lavo su ropa, se sentía feliz.

Ahora viéndolo bien tenía de todo, techo, comida, jabón, ya no sentía los dolores que había tenido. Simplemente no necesitaba nada más, se creía feliz.

Quien lo hubiera podido ver en el antes y el después no lo hubiera reconocido nunca. Antes era una piltrafa, mal oliente, con rostro de entre fenómeno y delincuente, mal vestido. Ahora después de la lluvia mandada por dios estaba bien rasurado, bañado, hasta podría decirse que era atractivo, se amarro el cabello y lo hacia verse muy bien y mucho más joven, hasta la piel se le aclaró. Bueno las ropas seguían siendo viejas y rotas, pero por lo menos limpias.

Entonces Emmanuel volvió a recordar los consejos de sus amigos para olvidar las pesadillas, empezó a dar crédito de que un par de vinos y leer chistes antes de dormir le había cambiado su vida. Con el tiempo siempre que fuera a dormir tendría que tomar un par de vinos y comerse un par de buenos chistes de esos que te sacan las carcajadas.

Ese día se decidió por no salir a ninguna parte, se hizo una cama de cartón con periódico y como pudo arreglo esa casa a medio construir, por fin tenía un hogar.

Entre tantas cosas se le paso el día, comenzó a obscurecerse, con una vela ilumino su lujosa estancia, de entre los añejos periódicos empezó a leer los horóscopos y entretenerse con noticias caducas, se metió mas de una hora en la lectura pero el sueño lo venció, antes de dormir alcanzo a taparse con la sección de espectáculos, se prometió que si volviera a tener la pesadilla y despertara de nuevo en este lugar, buscaría trabajo de inmediato seguro que con su nuevo aspecto le sería mas fácil. Ronco tanto que si alguien pasaba en ese momento por la calle podía haberlo escuchado.

XV

-Nombre completo- Le preguntaba la agente a la viejecita en la comandancia de policía.

-Clara Bianco Lim- Contestaba la anciana a la mujer policía entrada en los cuarenta con lentes y ligeramente pasada de peso.

-Dígame porque esta aquí- La agente con tono de que ya quería terminar su turno la cuestionaba.

-Hace un momento me encontraba en el parque Lander, como siempre alrededor de las 6 o 7 justo cuando comienza a obscurecer, voy porque me recuerda mucho a mi hijo, pues allí lo solía llevar de niño a pasear y jugar, yo camino despacio y recorro cada uno de los lugares que frecuentábamos, por ejemplo en el área de juegos infantiles me quedo un poco más pues a veces me parece que puedo escuchar su risa, de verdad que me trae buenos recuerdos. A veces me detengo a memorizar las inocentes bromas que el hacía y me da mucha risa. También paso por la tienda de helados que esta por la entrada principal del parque, yo ya no puedo comer helados pero siempre le compraba uno a mi bebe y en ese entonces todavía yo podía comerme alguno, me siento justo en la banca de enfrente y veo como la gente pide, hay uno que hacen que es de pistache que es delicioso ¿Lo ha probado alguna vez?

La agente miraba a Clara con ganas de ahorcarla le contestó –Madre eso no viene al caso, le pido por favor que sea concreta y que me diga ¿a que ha venido?-

La anciana que se sintió un poco ofendida por lo fuerte del tono de la agente empezó de nuevo – Le decía yo que fui al Parque Lander, muchas veces voy allí eran como las seis o siete y empezaba a obscurecer…-

En eso entro alguien y dijo –Oficial Sara es necesario que firme estos documentos, los tenemos que llevar de inmediato a la fiscalía- Sara los tomo y les dedico unos diez minutos en lo que los leía, los firmaba y les ponía el sello oficial haciéndolos entonces documentos legales. Mientras Clara De unos sesenta y cinco años, bajita, de cabello al hombro y cano, con lentes y bien maquillada, vistiendo un vestido largo rosa claro y un suéter delgado color guinda, miraba detenidamente los portarretratos que habían en la oficina, en las fotos se mostraba que la agente era una mujer con dos hijos adolescentes, se miraban guapos según su criterio pero se preguntaba ¿Por qué no aparecía el papa en ninguna de las fotos? Justo empezaba a hacer algunas teorías al respecto cuando la anciana se miro interrumpida en sus pensamientos por la fuerte y gruesa voz de la agente Sara diciendo:

-Abuela vamos a empezar de nuevo, quiero que me diga ¿que paso? ¿Por qué esta aquí? Quiero que sea concreta, con respeto le digo no nos interesan los helados o las vivencias que haya tenido usted con su hijo- Dijo la oficial Sara

La viejecita se encendió ante tal comentario – ¡A mi si me importan las vivencias que tuve con mi hijo, como a usted le deben de importar las vivencias que tiene usted con los suyos, si no porque tiene allí las fotos de ellos, ¿que usted no es madre?

La agente tratando de controlar la situación reculó -perdón creo que mi tono de voz y la forma de decírselo no fue la correcta, le pido una disculpa, pero de verdad tenemos mucho trabajo y le pido que sea breve para darle oportunidad a otras personas que nos necesitan-.

-Disculpa aceptada hija, pero debes de aprender a escuchar, sobre todo a tus mayores. Bueno estaba en el parque Lander como te dije cuando caminando por uno de los pasillos que pasan cerca de las fuentes, yo iba pensando en aquellos ayeres en una de esas fuentes se me declaro un novio, muy guapo por cierto, ahora ya esta todo pelón y gordo, pero fue muy guapo, yo de verdad tuve buenos partidos...-

-Señora por favor nos concretamos a lo que vino-

-Si hija, ya entendí, es que cuando platico siempre me llegan recuerdos. Bueno iba yo caminando despacito cuando de pronto entre los arbustos salió de pronto un hombre, al principio pensé que era un mono gigante porque estaba lleno de barba y negro por la suciedad, me pidió mi dinero y de verdad que al principio me espanté, pero cuando me di cuenta que la supuesta pistola con la que me amenazo eran sus dedos que me apuntaban, me dio risa pues me di cuenta de que era un tonto, solo por no pelear y dándome cuenta de su inexperiencia tome un billete y se lo di, el me lo arrebato y salió corriendo como alma que lleva el diablo, pero lo que quiero decirle es que...-

En eso estaban cuando de repente entro nuevamente otro agente varón a la oficina diciéndole a la oficial –Te anda buscando el jefe, dice que te ha llamado a tu móvil, pero no contestas, chécalo porque se va a poner rabioso y ya sabes como es...-

-Gracias por el aviso, lo traigo en silencio ahora mismo le estoy poniendo el sonido- y siguió -Clara dígame las características del criminal que la asalto y cuanto le quito-

-Que no es criminal y lo que le di no importa, le hubiera querido dar más-

¿Bueno es que no esta usted aquí para denunciar a ese criminal?, ¿entonces a que ha venido? ¿a tomarme el pelo?

-Que no es criminal ya se lo he dicho, y vengo porque...-

En eso entra la llamada al móvil de la agente Sara-Permítame Clara debo de contestar es mi jefe- Y tomo su móvil-Si Jefe, si lo entiendo, es que lo tenía en silencio, si lo recuerdo, claro, claro, ¿donde esta?, ¿Ahora?, bueno salgo en este momento, si llevo a dos agentes que estén aquí-

Colgó, se puso de pie, se dirigió a la puerta del cubículo y grito ¡Walter y Kevin, vengan conmigo, ahora! – miro a Clara y le dijo – Abuela me tengo ir ahora, es urgente, un caso importante, mañana la veo a las diez de la mañana aquí y con más calma me cuenta la historia, pero por favor sea mas concisa y me dice sin rodeos a que ha venido-

Clara no tuvo tiempo ni de decir adiós y cuando reaccionó la agente ya había salido del cubículo, la viejecita pidió que alguien más la ayudará pero no lo consiguió, todos le dijeron que tenía que esperar hasta mañana. Sin más, la anciana sintiéndose enojada, con la impotencia de no poder hacer nada y refunfuñando se fue a su casa. Esa noche casi no pudo dormir y rezo todo lo que pudo.

XVI

Un pequeño rayo de sol se escabullo entre la cortina mal cerrada, y justo se fue a incrustar en el rostro de Emanuel, el al sentirlo despertó pero no abrió los ojos, prefirió sonreír imaginándose que su pesadilla había dejado de ser horrenda, y empezaba una esperanza, si las cosas seguirían así no le importaría tener más pesadillas.

Poco a poco se incorporo sintiendo la ausencia de su amada Alina, prendió la luz, abrió las cortinas, y ella no estaba, sintió el lugar donde ella dormía y estaba frio, hacia rato que ya no estaba en cama.

Fue a la cocina, tampoco se encontraba allí, abrió la puerta que daban a las escaleras y solo encontró a un vecino que salía a toda prisa rumbo al trabajo, lo saludo cordialmente. Emanuel se preocupo, y pensó tal vez salió a correr sin avisarme, se dirigió a donde se encuentra el anaquel de los zapatos y sus tenis allí estaban, ella no había salido a correr, eso lo inquieto bastante.

Estaba pensativo creando algunas hipótesis de lo sucedido, pensó hasta lo peor y se estremeció, -¡Pero como pudo pasar!- Se decía, reclamándose por su descuido. Buscó su teléfono, era momento de llamar a alguien, justo cuando empezaba a marcar escucho un extraño ruido que lo altero, sin hacer ruido se acerco al lugar de donde provenía y llego hasta la puerta del baño. Curioso por todo esto y a la vez temeroso entro de golpe.

Allí estaba en un rincón en cuclillas y en posición fetal Alina, llorando en silencio pero haciéndolo de una manera tan rara que a primera intensión sonaba como de película de terror, así lo pensó Emanuel pero claro que no lo se dijo. Aún preocupado rápidamente se dirigió hacia su amada, se arrodillo para alcanzar más o menos su altura y con palabras en tono de ternura y preocupación le dijo:

-Mi amor, ¿Estas bien? Estaba muy preocupado por no encontrarte, dime ¿Qué ha sucedido?

-shhsshs es que no, es que no puedo decirte.

-Tenme confianza yo te amo, sea lo que sea yo te amo.

-¡No te lo puedo decir, simplemente no! Me vas a dejar, algo malo ha sucedido. Me vas a dejar ¡Ahhhhh noooo , porque!

-Calma solo dímelo-. Pero en su mente de Emanuel comenzaron a pasar malas ideas, hipótesis de traición, de que si ella lo había engañado, o tal vez lo dejaría para siempre, alguien le ha propuesto escaparse, o tal vez esta con una enfermedad terminal. Pero Alina hacia la escena más dramática y no soltaba la verdad de su pena.

-No te lo diré nunca, y me voy a ir para siempre. Volteo a ver a Emanuel y su cara se miraba hinchada consecuencia de muchas horas de llanto.

El la abrazo, fuera lo que fuera el la amaba, y no la dejaría, la perdonaría, ella también respondió a el abrazo y lo rodio por la espalda, tal vez por accidente o con intención algo calló al suelo, algo de plástico, pero Emanuel aunque lo escucho no lo puedo ver. Alina se descubrió, y evidencio que todo la trama estaba oculta en eso que calló, pues de inmediato se abalanzo para recuperarlo y evitar que Emanuel lo viera, desde luego que el quería saber que era eso.

-¿Que es lo que ha caído Alina?, ¿Por qué lo ocultas?

-No es nada, solo algo sin importancia.

Nadie sabe porque ella quiso llevar las cosas tan lejos, pero esta situación de verdad que comenzaba a enfadar a Emanuel

-¡Te exijo que me digas que es eso! ¡Dámelo!- Su voz se alzo y comenzaba escucharse muy amenazador.

-Te he dicho que no es nada! ¡Déjame en paz!, Me voy a casa de mis padres ahora mismo.

Al ver esta reacción el se encendió y su cara se pinto de rojo a punto de llegar a morado y grito – ¡Dámelo!- Y empezó a forcejear con ella, en un movimiento brusco se lo arrebato, pero sin querer la aventó al suelo, aunque no le paso nada a Alina, el se espantó, por lo ocurrido.

-No te quiero volver a ver jamás en mi vida- Dijo Alina aun tirada en el suelo.

-Emanuel hecho un vistazo a lo que había obtenido, era una prueba de embarazo y marcaba como positivo. Alina estaba embarazada ¿De quien? ¿Por qué se lo ocultaba? Y con un tono de voz serio se dirigió a ella y le dijo -Veo que estas embarazada, dime de quien es, con quien me has engañado?-

Ella al escuchar eso se miro ofendida y de estar llorando se condujo con una voz sería y en tono de enojo –Como te atreves incluso a imaginar estupideces, es tuyo, ¡Tuyo!, de quien más ha de ser, pero decías que no querías bebes ahora, eso cambia todo, y como no lo quieres yo me voy con mis padres y nunca más queremos verte, lo escuchaste ¡Nunca!

El rostro de Emanuel de inmediato cambio y una lagrima rodo sobre su rostro, de alegría o de emoción de inmediato corrió a abrazar a Alina, quien ya se había puesto de pie, el la apretó con toda emoción y dijo:

-No digas eso, te amo, y quiero estar contigo para siempre. ¿Por qué haces todo este drama?

Alina ya vuelta un pan de dulce dijo –Es que pensé que no nos ibas a querer a mi y a mi bebe-

-¡Dirás nuestro bebe!- y ambos comenzaron a reírse como locos.

Ese día fueron a ver a un ginecólogo, para que les dijera todo lo que tenían que hacer, también compraron varias cosas para el bebe de color verde o amarillo porqué no sabían si sería niño o niña, hablaron a la oficina para que alguien se hiciera cargo de los asuntos, al final fueron al restaurante más elegante de la ciudad, hubieran pedido una botella de vino pero prefirieron brindar con una gaseosa de uva. Los dos dijeron sendos discursos como políticos en forma de broma, prediciendo el feliz futuro y toda la alegría por venir. Salieron del restaurante porque los empleados les dijeron que ya estaban por cerrar. El tiempo había pasado rápido y al darse cuenta de su reloj eran ya cerca de las doce. Se fueron a dormir.

XVII

Emanuel despertó con la ilusión de su bebe y con la esperanza de que en su pesadilla todo estaba cambiando, se activo de inmediato, acomodo lo que el llamaría cama, después tomaría como desayuno algunas galletas con leche, el resto de sus pertenencias las escondería detrás de unos matorrales de lo que sería el jardín de la casa en obra, con un poco de agua que quedaba estancada de la lluvia del día anterior se lavo la cara y se acomodo el pelo. No solo era un nuevo día, era más bien ¡Un gran día!

Salió a la calle con paso veloz, todavía no salía el sol del todo pero iba chiflando de gusto, dispuesto a conseguir un empleo en dónde el pudiera ser útil, ganar dinero y así tener una mejor vida, en pocas palabras convertir esa pesadilla en una vida de alegría y esperanzas.

Ahora podía mirar a la gente sin sentirse avergonzado por su aspecto. Para entonces la gente lo veía casi normal, pues las ropas no estaban del todo bien.

Comenzó a recorrer las calles donde había el gentío, nadie lo insultaba. Recordó aquel triste pasaje donde lo trataron peor que un animal, se atemorizo, pero siguió adelante, enfrentaría lo que fuera, no tenía miedo. Si tenía que ser desgraciado por culpa del destino, sería el destino el culpable y no el, el pondría todo su empeño y esfuerzo, se prometió no rendirse.

Comenzó a ver negocios de distintos tipos, abarrotes, papelerías, zapaterías, almacenes, tiendas de regalos, restaurantes, tabaquerías, heladerías, y algunos negocios más especializados como oficinas de arquitectos o abogados, puertas y ebanistería, vitrales, etc.

Miraba con atención los mostradores, muros, puertas, escudriñando los anuncios pues seguro alguien buscaría empleados y así fue. Sobre todo los grandes locales que se miraban llenos de empleados irónicamente eran los que tenían siempre un anuncio de que requerían personal.

Cuando vio el primer anuncio quiso de inmediato acercarse y aceptar el empleo sin importarle las condiciones, pues con el solo hecho de obtener un empleo en las condiciones en que se encontraba eso ya era un gran logro, pues el mismo pensaba que para obtener un trabajo tardaría días en conseguirlo. A pesar de esto fue cauteloso y prefirió caminar entre todos esos comercios y ver las posibles opciones.

Estaba indeciso de trabajar entre una papelería o una tienda de artículos de computación, le llamaban la atención ambos el creyó que en ambos se sentiría feliz, además pensaba estar allí por largo tiempo, la estabilidad ahora sería su objetivo. No pensaba en lujos, ni autos, ni una gran casa. Pensaba en una vida sencilla, zapatos, comida, y un cuarto donde dormir, con cama. Pensó por unos minutos y siguió caminando sin dirección.

Sin pensarlo se acerco a las calles donde ya casi no hay comercios y allí en un pequeño local se encontraba una pequeña imprenta de invitaciones. En el sucio y desordenado mostrador se encontraba un anciano ya entrado en los ochenta que con lentes de fondo de botella y con ojos minúsculos parecía atender los clientes que nunca llegaban. Al fondo se miraba un niño yendo de acá para allá, pero sin una actividad definida.

En el mostrador había un anuncio viejo y arrugado que decía se solicita empleado, sin pensarlo le pidió el empleo al abuelo, quien le advirtió que era muy poco lo que pagaba, pues solo de vez en cuando había un poco de trabajo, -"ya las imprentas modernas con computadoras, se han llevado a nuestros clientes"- se reclamo entre dientes.

Eso no le importo a Emanuel, y acepto el empleo de inmediato. Se alegró y pidió trabajar desde ese mismo momento. El viejo acepto, pero ya estaba cansado y sin ganas de enseñar nada, y el niño aunque iba de un lado para otro, la verdad era que no hacia nada. Los pocos pedidos que habían estaban retrasados, unos ya hasta la fecha de las fiestas se había pasado. Los muestrarios estaban empolvados, sucios, y mal acomodados. No era difícil entender porque los clientes se habían ido.

Emanuel pidió permiso al viejo que a la vez era el dueño "Don Fer" como lo conocían los vecinos de la zona, para poder acomodar todo, también pidió permiso para poner en orden los muestrarios, hacer la limpieza del local y lo que hiciera falta. Don Fer solo movió la cabeza asintiendo, se miraba triste, tal vez porque el negocio estaba mal, tal vez porque la vida lo había golpeado profundamente. A través de esos gruesos lentes se alcanzaban a mirar los pequeños ojos, con melancolía, con ganas de llorar. Estaban inundados de tristeza por lo visto desde hace mucho.

En un par de horas, el negocio había cambiado de aspecto, la suciedad había ocultado algunos detalles del negocio ahora visibles, como algunos muebles de madera robusta que ahora al estar sin polvo se miraban fuertes e imponentes, la maquinaria brillaba y se miraban como de museo, los muros dejaban ver por fin que tenían color, las lámparas sin polvo iluminaban el cuarto y lo hacia más llamativo.

Después Emanuel tomo los muestrarios, aquellas invitaciones que estaban descuidadas las retiro, las más bonitas y vistosas las puso al frente así ordenadas y limpias se miraban verdaderamente llamativas.

Se ubico justo a la entrada del local con el muestrario y comenzó a ofrecer las invitaciones a la poca gente que pasaba. Los precios anotados que allí tenían al mismo Emanuel le parecieron elevados. Y explicaba a los pocos posibles compradores que era un costo mayor a las invitaciones convencionales porque estas eran hechas de manera casi artesanal, que la diferencia con otras invitaciones es que estas se elaboraban como antaño, con procedimientos más costosos pero que las hacia mejores, más bonitas, seguro sus invitados notarían la diferencia haciendo un plus en su evento, además tenían una promoción y que por cada diez invitaciones que le encargaran les daría dos de regalo.

Pasó mucho tiempo casi se daba por rendido cuando su esfuerzo finalmente rindió frutos, un cliente acepto. Habían pasado dos semanas sin que el negocio viera algún cliente y ese día gracias a Emanuel de nuevo un pedido llegaba. Eso si el cliente alego, -las quiero de buena calidad y en tres días-, Emanuel sin dudar sentencio, -en dos días las tendrá, si me paso de los dos días no le cobrare nada-

Emanuel de inmediato informo a Don Fer del nuevo pedido, el viejo se alegró un poco pero volvió a su mar de tristeza y su mirada se perdió en la nada. Emanuel se fue a su lecho contento y antes de dormir repaso emocionado todo lo acontecido en ese día.

ALINA MITOVSKA

Alina de veinticuatro años había conocido a Emanuel tres años antes del desarrollo de esta historia y aunque al principio solo eran amigos, después se volvieron pareja y ahora con planes de casarse.

Tuvo varios novios y por más de uno lloro pensando que era su príncipe azul, pero los tiempos cambian también las personas y los amores. Así que un día llego Emanuel y borro todo el pasado de su corazón para escribir una nueva historia de amor a su lado.

Al final, ¿Qué joven de hoy en día no se ha sentido perdidamente enamorado por alguien? E incluso, entre ellos se prometen amor después de la muerte, o prometen su vida por la otra persona. La verdad de las cosas es que muy pocos son los que verdaderamente mueren por un amor.

Cuando un amor muere otros más vendrán a sustituirlo, llenando el vacío que ha quedado en el corazón, así es como somos reemplazados, a veces pronto, en otras ocasiones un poco más tardado.

De rostro delgado y fino, con pestañas enormes y penetrantes ojos negros, así era Alina, estudio diseño, le encantaba dibujar todo lo relacionado con caricaturas, en el fondo era una niña, con muchos sentimientos y gran corazón.

En su infancia y adolescencia siempre soñó con ser una gran actriz, tanto que sus padres la inscribieron en academias de actuación, incluyendo canto, danza clásica y baile moderno. Sabía tocar un poco el violín, pero lo practicaba de vez en cuando. Siendo honestos ella y sus padres no aceptaron nunca que no estaba dotada de talento artístico alguno, aunque por otro lado ella si era muy inteligente.

La habían llevado a concursar en diferentes competencias, desde las más sencillas organizadas por pequeñas escuelas, barrios u organizaciones civiles, hasta aquellas que promovían las grandes cadenas televisivas. Siempre sucedía lo mismo, ¡no pasaba de la primera etapa!

Cuando la descalificaban a las primeras, los padres se molestaban tanto que buscaban hablar con los jueces o quienes fueran el jurado, les reclamaban tanto y los acusaban de vendidos y tramposos, asegurando que todo estaba arreglado y el concurso era una completa farsa. Amenazaban que algún día su hija sería grande, famosa, reconocida, y se arrepentirían por lo que habían hecho. A decir verdad el jurado estaba acostumbrado a los padres de familia que les amenazaban de ese modo.

Sus dos hermanos de Alina eran los únicos conscientes del mal talento de ella, decían que cantaba como una guacamaya y de cierta manera tenían razón. A pesar de eso siempre la acompañaban, la animaban con tal de verla contenta, la querían mucho por lo tierna que era, además de que era una familia muy unida en las buenas y en las malas.

Muy temprano ella gustaba de correr en las mañanas desde hace varios años, durante el día acostumbraba a vestir vaqueros con zapatillas de tacón alto, playeras pegadas de colores claros o blancas con estampados. Gustaba de los suéteres y bufandas. No solía comprar marcas reconocidas, prefería frecuentar las tiendas de costo medio al igual que tiendas de chucherías.

Alina empezó a dibujar por pura casualidad, así un día visito a una prima la cual era madre de un niño y una niña, tendrían entre ocho y nueve años. Alina para mantener a los pequeñines entretenidos se le ocurrió hacer unos comics, el resultado sorprendió a la prima, a la propia Alina y mantuvo plenamente contentos a los críos.

Al paso del tiempo se dio cuenta que le gustaba dibujar, para ser sinceros con las caricaturas era muy buena, así que después de múltiples fracasos en su travesía como artista decidió cambiar de giro, al final concluyó estudiar diseño, logrando obtener muy buenas notas como estudiante, titulándose con méritos y reconocimientos.

Justo cuando termino su carrera se decidió por un diplomado en manejo de programas computacionales para el diseño, casualmente en la misma clase conoció a Emanuel, a quien encontró atractivo, pero sobre todo un gran amigo con quien conversar.

Un día el la invito a un parque temático, justo cuando estaban sobre uno de los juegos mecánicos que más adrenalina generaban, el le grito:

-¡Quieres ser mi novia!

Ella dijo -¿Aquí?

-Aquí y en todos lados-

Ella se sonrió, y respondió –déjame pensarlo-

Se divirtieron mucho como siempre lo hacían, aunque pasarían dos semanas para que Alina le diera el si a Emanuel. El nunca dejo de persistir y tratarla de la mejor manera posible, y como el decía la amaba "Como su princesa", le abría la puerta, le cargaba sus cosas, la acariciaba y besaba mucho, le decía cosas lindas, románticas.

Emanuel hacia todo lo que estaba a su alcance y hasta lo imposible por ver a Alina contenta, con todo y eso, Alina habiendo tenido antecedentes en su casa de consentida de vez en cuando se encaprichaba y emberrinchaba sin razón, sin sentido, por días y a veces hasta por semanas.

Pero Emanuel paciente, comprensivo, esperaba todo el tiempo que fuera necesario para que se contentará, haciendo circo, maroma y teatro con tal de ver feliz a "su princesa".

Por todo eso y más, es que Alina amaba a Emanuel con todo su corazón, y cuando hablaron de vivir juntos al principio le dio temor, ¿Cómo dejar a sus padres y hermanos? ¡Sería como traicionarlos! Pero algo adentro de sus vísceras le cosquilleaba, le empujaba a esta aventura, a vivir feliz al lado de su enamorado, tardo varios meses en aceptar.

Ella había vivido con sus padres y sus dos hermanos toda la vida, siempre la habían consentido mucho, muy mimada y la preferida de ambos padres, en gran media por su vocación de hija cariñosa y detallista. Por eso cuando ella se atrevió a decirles que se iría a vivir con Emanuel, pegaron el grito en el cielo. El padre no lo acepto tan rápido. Tras la noticia la madre sintió que le tiraban un balde de agua fría en la cara, tal vez fingiendo o exagerando supuso que casi se desmayaba, al final ambos padres aceptaron la ida de su hija, reconocieron que los hijos también tienen que tomar su propio vuelo y tener su propio nido, ellos en algún momento habían hecho lo mismo.

Unos meses antes Alina junto con su mejor amiga habían escogido el departamento que sería el rincón de amor para ella y Emanuel. Se decidió por un departamento que estaba cerca de casa de su mama, era la opción perfecta. Era pequeño y en un tercer piso, eso no importo, dio el apartado prometiéndole depositar al casero el resto al siguiente día.

Emanuel, aunque no muy satisfecho con la elección acepto con el afán de ver feliz a su amada Alina, inclusive la dejo escoger el color de pintura, decorado, muebles, en el futuro ella elegiría hasta la ropa que el usaría.

XVIII

-¡Un hijo! ¡Voy a ser papa! Que alegría dios mío, muchas gracias- Se decía Emanuel en voz baja justo al despertar. Dio de besos al angelical rostro de su amada quien al sentir sus labios rosando su piel sonrió empezando a despertar poco a poco.

-¡Alina vamos a ser padres!, ¿no te das cuenta de lo que eso significa? Seguro va a ser niño, y a lo mejor va a ser un gran editor o empresario... Bueno ¿Quién sabe? A lo mejor sea un general del ejercito o presidente de la republica..

-¡Que cosas dices Emanuel! Ser soldado es muy peligroso y ser presidente es muy complicado, estar arreglando los problemas de un país, es de locos. Además yo estoy segura que va a ser niña, actriz famosa y reconocida en el cine internacional...

Ese largo rato que tuvieron antes de levantarse de la cama lo ocuparon para hacer planes sobre el futuro del bebé, coincidían de que sería alguien muy importante, con mucho éxito, lograría pasar a la historia, ellos lo educarían de la mejor manera, en las mejores escuelas.

Planearon que además de su colegio lo inscribirían a aprender lenguas, música, karate o kung fu, danza o baile moderno, también habían escuchado de algunas disciplinas que potencializaban el cerebro como el ajedrez o las matemáticas, entre otras.

Se dieron cuenta que el tiempo había pasado de prisa, se alistaron pronto y salieron, ese día tendrían un ultrasonido, les dirían el sexo del bebe.

Pasaron a la empresa de Emanuel trabajaron atendiendo todos los problemas, llamando a clientes, ajustando diseños, programando a proveedores. Más tarde tenían que comer con los padres de Alina, teniendo que dejar la oficina con esa satisfacción de haber resuelto prácticamente todos los pendientes, mirando con alegría que cada vez llegaban más pedidos teniendo clientes satisfechos y contentos.

Estando en casa de Alina ya en la mesa a la hora de comer, tomándose de la mano los futuros padres dieron la sorpresa y ella de golpe soltó a sus familiares –Vamos a ser padres y ustedes abuelos- dirigiéndose a sus padres, después se dirigió a sus hermanos diciendo –ustedes van a ser tíos- La euforia lleno la casa, la emoción se miraba en cada rincón, sonrisas, carcajadas, bromas, de todo.

El papa de Alina de emoción llamo a unos cantantes que conocía, estos llegaron pronto a su llamada y empezaron a amenizar, un poco desentonados y sin estar debidamente ataviados como acostumbraban, pues, dada la premura en que fueron llamados no pudieron organizarse como ellos hubieran querido. La verdad que eso fue lo de menos, ante tal emoción, lo importante es que los músicos hicieran ruido y que todos supieran que había fiesta, que había un gran motivo para festejar.

Con la emoción los futuros padres casi olvidan que tenían una cita con el medico, por casualidad se dieron cuenta. Sin querer tuvieron que despedirse de los presentes, estos consientes de la importancia del asunto estuvieron de acuerdo deseándoles lo mejor. En casa de Alina la fiesta siguió pues ya se habían incorporado algunos vecinos y amigos para celebrar el gran acontecimiento, se dice que ya entrada la madrugada aun había algunos invitados.

Entraron al consultorio llegando a su cita ni un minuto más y ni uno menos de la hora programada, se anunciaron con la enfermera que se encontraba en recepción ella checando su computadora dio cuenta de su llegada, registraron sus datos y les dijo: -aún hay dos pacientes antes de ustedes-. En el fondo Emanuel se molesto pues había manejado más rápido de lo normal con tal de llegar a tiempo cosa que había logrado, para que le dijeran que tenía que esperar y que había gente antes que el, se tuvo que tragar su coraje, diciendo: –si señorita aquí esperamos-

Por suerte había una cafetera automática en la pequeña sala de espera, se prepararon un café de esos que vienen ya elaborados con sabor de algo que nunca pudieron definir de que exactamente era, pusieron la capsula, apretaron el botón, de inmediato tenían un café calientito.

Los enamorados platicaron y bromearon como siempre, sin dar mayor atención a las demás personas que estaban en la sala de espera. Apostando Emanuel que el bebé sería niño y Alina por su parte sosteniendo que sería niña. Los dos estaban nerviosos por tal situación.

Tan adentrados en la platica estaban que no se dieron cuenta que los estaban llamando sino hasta que la enfermera llego tocando el hombro de Emanuel, de allí primero pasaron a que tomaran los datos de rigor, Altura, peso, edad, antecedentes de la familia, y todo lo que sirviera para formar su expediente clínico.

Después los pasaron a un consultorio donde yacía una cama y un aparato que a juzgar sería el que tomaría el ultrasonido, y justo en la pared se encontraba empotrada una pantalla grande que por seguro trasmitiría lo que el aparato de ultrasonido detectara.

Poco después entro un doctor ya en sus sesentas, muy alegre, un poco bromista pero que les inspiraba mucha seriedad por la profesionalidad que mostraba.

Dijo llamarse Edwin Wilson había estudiado medicina en Inglaterra, por otra parte se había especializado en ginecología en la universidad nacional habiendo traído al mundo a cientos de bebes, sanos y salvos.

-Como doctor les puedo decir que todos los partos traen ciertos riesgos, pero claro esta, debemos de reducirlos con la atención adecuada, estudios, vitaminas, medicinas cuando se requiera, como madre debes de poner especial atención en tu bebe, también en ti por supuesto.

El galeno descubrió el vientre de Alina, sobre este tomó algunas medidas con una cinta métrica, después colocó un gel y sobre este comenzó a deslizar una pistola que emitía los ultrasonidos

En la pantalla se empezaban a ver de manera borrosa imágenes de el bebé, comenzaron a recorrer cada una de sus partes, desde los piececitos hasta la cabecita, pasando el estomago, la columna, y las manos. El doctor Edwin les explicaba de manera pormenorizada cada detalle tratando de descartar cualquier posible problema en la formación del feto, afortunadamente todo estaba en su lugar como debía ser, en las proporciones y peso adecuado. En el trascurso de todo esto, los padres agarrándose fuertemente de las manos se emocionaban infinitamente, pues ese bebe era el producto de su amor, hasta unas lagrimas se les escaparon por la alegría de saber que todo estaba bien.

-Pues bien ha llegado la hora de saber que tenemos si niño o niña -dijo el doctor-Los futuros padres se apretaron las manos con fuerza y fijaron su vista con mucha atención al monitor que tenían al frente, costo mucho trabajo por la posición del bebe, pero al final después de muchos esfuerzos el galeno logro centrar la pantalla entre las piernitas del bebe diciendo:

- Aquí esta, si, lo tengo, ¿están preparados? Ahora voy hacer un acercamiento y sin dudas verán que es, no siempre puedo estar seguro completamente del sexo del bebe, pero aquí con una seguridad del 100 por ciento si les puedo decir que es, ¿Listos?... ¡Es un varoncito!

XIX

Se despertó y lo primero que vino a su mente era el pedido que se había comprometido a entregar en tan solo dos días, Emanuel conocía el manejo de las imprentas antiguas y modernas, así que sabía que dos días era más que suficientes.

Emanuel se arreglo lo mejor que pudo considerando todas las carencias que tenía, hubiera querido tener a su alcance mejores prendas y hasta un perfume, pero se tuvo que conformar con lo que había.

Tomó algo como desayuno, después se dirigió a la imprenta, apenas estaba saliendo el sol y en la calle poca gente caminaba. Pocos locales ya estaban en activo, la mayor parte de los negocios aun estaba cerrado.

La sorpresa fue que cuando llego al local de trabajo "Don Fer" ya se encontraba allí, sin hacer nada es cierto, pero bien arreglado, con peinado de lado y raya, vistiendo saco color azul obscuro y corbata de moño, camisa a rayas bien planchada, pantalón color beige haciendo juego con lo demás, sin olvidar los zapatos negros muy bien lustrados. Ya de cerca trascendía su perfume tipo lavanda y maderas aquellos que las personas mayores gustan de usar.

Emanuel dio los buenos días, escucho la respuesta muy entre los dientes de su patrón, asumió que no estaba enojado, más bien, el anciano tenía esa mirada sumida en el infinito, recordando quien sabe que, apenas y dando cuenta de lo que sucedía en su realidad. Sus ojos se miraban nuevamente tristes, con el paso del tiempo Emanuel juraría que de vez en cuando unas lagrimas secas apenas y se asomaban de sus ojos, casi imperceptibles por los gruesos lentes que los cubrían.

Emanuel se dispuso a trabajar de inmediato, haciendo primero la limpieza del lugar, concluyó pronto y se concentro en las invitaciones encargadas hacia un día.

Pregunto a Don Fer por los materiales que se necesitarían para las impresiones, quien como zombi solo le señalo el interior del local. Emanuel no quiso molestarlo más, haciendo la búsqueda por si solo, por suerte y después de adivinar donde estaba el papel, la tinta, los moldes, reglas, entre otros, logro juntar todo lo necesario. No faltaba nada así que hecho manos a la obra.

Todo iba bien, pero la mala suerte a veces juega malas jugadas y ese día le toco a Emanuel, apenas irían diez impresiones cuando sonó un rechinido y la estúpida maquina se trabo. Al principio pensó que era algo sencillo, pero no fue así. Requirió de casi todo el día para poder echar a andar nuevamente la imprenta. Apenas empezaba a trabajar cuando Don Fer le hizo señas de que ya era hora de cerrar, Emanuel pidió un poco más de tiempo, pero el viejo solo movió la cabeza de un lado a otro negando la posibilidad de estar más tiempo.

De mala gana Emanuel salió y espero a que el viejo echara llave y candado a la puerta, que aunque él le ofreció su ayuda el viejo la rechazo sin mediar palabra. Emanuel miro como su patrón hecho a andar con un paso lento y cansado, sin gracia, con su mirada puesta en el horizonte sin tomar la más mínima atención a las personas que pasaban a su lado. No hace falta hablar del niño que un día antes había estado en el local, pues simplemente no fue a trabajar.

Sin más remedio, Emanuel se fue a casa preocupado por el limitado tiempo que tenía para poder cumplir su promesa con su único cliente, a pesar de eso si la maquina no fallaba cumpliría con la entrega. Se durmió pronto pensando que despertaría muy temprano, para tener tiempo suficiente y cumplir su compromiso. Se prometió así mismo que llegaría a trabajar a las seis de la mañana, no importaba que tuviera que esperar a Don Fer. Ese día más temprano le había preguntado la hora de entrada y en su casi eterno silencio el viejo se limito solo a mover su cabeza asintiendo quien sabe que.

Al otro día a las seis de la mañana Emanuel se sorprendió de que cuando llego al local el abuelo ya se encontraba postrado en el mostrador, bien arreglado y elegante como siempre, perfumado y con la mirada inerte. Al entrar le saludo recibiendo nuevamente como respuesta un movimiento de cabeza de arriba hacia abajo como diciendo "si", acompañado de un sonido o ligero gruñir, que parecía ser la respuesta a los buenos días. En el futuro así sería cada mañana que lo viera.

Todo estaba dispuesto para continuar con el trabajo, Emanuel no espero, se fue al área de trabajo, comenzando a realizar las impresiones de manera dedicada y cuidando cada detalle, no se permitió errores, por suerte era una técnica que dominaba bien.

Las impresiones salían uniformes y bien marcadas, las combinaciones de colores encajaban bien, pero poco antes de terminar todo el trabajo la maldita maquina se estropeo nuevamente, para la buena fortuna de Emanuel solo era un detalle menor, y la hecho andar después de unos treinta minutos de arreglo.

Justo terminaba la ultima impresión cuando el cliente llego. Emanuel primero se dirigió a Don Fer para informarle del cliente y de la entrega del pedido, pero el viejo solo asintió y se quedo inmóvil, fijando nuevamente su mirada en la nada. Afortunadamente Emanuel experimentado en el buen trato hacía los clientes se percato de dicha situación, corriendo se acerco a su cliente llevándole una muestra de las invitaciones ya terminadas, el cliente la miro de cerca, Emanuel temía que no le gustara, pero su cliente sonrió, era claramente la señal de satisfacción, Emanuel respiro profundamente, envolvió las impresiones en un papel cartón, tomo un listón dorado que encontró amarrando el paquete de manera que se mirara agradable.

El cliente pago, dando las gracias felicitándolos por su puntual trabajo, el anciano tomo el dinero, apenas lo miro y lo aventó a una caja metálica que se encontraba bajo el mostrador, la cual apenas y tenía unas cuantas monedas. Esta, era la primera venta desde hacia mucho tiempo.

Con el paso del tiempo con el entusiasmo de Emanuel esta operación se repetiría constantemente. Emanuel se ubicaba en la entrada del local, convencía a los potenciales clientes de que hicieran las impresiones en su negocio, después se ponía a trabajar arduamente, lograba entregar pedidos de buena calidad en los tiempos convenidos, obteniendo clientes satisfechos y buenas ganancias para el viejo, quien a decir verdad lo que sucedía en el mundo real le importaba poco, casi no hacia nada en el local, su actividad se limitaba a abrir y cerrarlo, hablaba poco diciendo solo frases cortas, muchas veces casi inentendibles, apenas y tomaba unas monedas para comprar cualquier cosa, dejando la mayoría del dinero en el mismo lugar.

El niño que de vez en cuando acudía a ayudar era hijo de un vecino, en verdad no hacia nada, se dedicaba a jugar, muy rara vez cuando Don Fer estaba más animado le encargaba hacer algunas compras menores, a cambio le daba algunas monedas que el niño las utilizaba en seguida en golosinas y juguetes baratos.

LA BODA

Hoy es el gran día, por fin todo lo planeado se concretará el día de hoy, realmente Emanuel y Alina se hubieran preferido casar de otro modo, pero el embarazo los tomo por sorpresa, y tuvieron que hacerlo lo más rápido posible. De hecho toda esta situación los unió más y su amor ya enorme se volvió inmenso.

Fue idea de Emanuel, aunque también la madre de Alina lo sugirió; Deberían de casarse por la iglesia, a pesar de las circunstancias ella debería ir vestida de blanco. Pero para que el embarazo no se notara deberían hacerlo en cuanto antes así que solo se dieron un mes como máximo.

El vestido fue lo primero que encargaron, la madre de Emanuel fue quien acompaño a Alina, según la tradición el futuro marido costeó todo el ajuar, las zapatillas, el velo, ramo, abrigo, y por supuesto un hermoso vestido blanco diseñado especialmente para ella, que aunque al principio no lograban convencerse sobre el diseño terminaron eligiendo uno más tradicional, un poco diseño de los sesentas, conjugado con el los toques de la moda actual. Por la parte del pecho tenía varios encajes hechos a mano, que alargaban el proceso de hechura, así como la meticulosa elaboración con varios detalles de pedrería por la parte baja del vestido. Dado que el vestido era una verdadera artesanía la casa de modas se comprometió a entregarlo a marchas forzadas solo dos días antes de la boda.

Emanuel que fue con su amigos a escoger algo propio para su boda se decidió por un frac color marrón obscuro, chaleco y pantalón del mismo color este ultimo con una franja roja lateral que lo hacia verse elegantísimo, corbata de moño roja con camisa blanca. Aunque la prenda se confeccionaba bajo medida, el trabajo no requería mayor complejidad siendo realizado por completo la misma semana en que fue encargado.

Los hermanos de Alina fueron de gran ayuda para la organización del evento, se encargaron casi de todo, arreglos florales, salón de eventos, decoración, banquete, amenizacion, sacerdote e iglesia, absolutamente todo. Fueron estrictamente supervisados por Alina, quien era muy meticulosa en cada uno de los detalles, incluso en los significados de las flores, colores y posición de cada cosa.

Las invitaciones se imprimieron, se rotularon y empacaron. En seguida fuerón distribuidas, algunas incluso por correo expreso, puesto que algunos familiares e invitados no radicaban en la ciudad. La tradición imperaba que debían haber sido entregas personalmente por los prometidos en matrimonio, pero la premura del tiempo lo impidió, ya posteriormente se disculparían vía telefónica explicando la situación del porque no podrían acudir ellos mismos.

La Iglesia estaba repleta, los asistentes entre familiares y amigos de ambos se contaban por cientos, la iglesia decorada por completo con rosas, acapulcos, gardenias todas blancas casi en exceso, despedían un aroma relajante.

El templo era estilo barroco rococó, construido en el siglo XVI, finamente decorada con entablados chapeados en oro, frescos de la época representando episodio de la biblia, los techos alzados con cúpulas en mas de cuarenta metros, apoyados por monstruosas columnas, en conjunto hacían imponente el lugar.

Dentro del templo Emanuel se miraba nervioso, ya esperaba al frente precisamente donde el padre celebraría la misa, justo al lado del púlpito. Junto a él estaba su madre quien le tomaba la mano tratando de calmarlo. Ambos emocionados esperaban de pie la llegada de la novia.

De repente la gente comenzó a cuchichear, la novia había llegado acompañada por su familia. El sumo sacerdote que esperaba en el portal principal de acceso de la iglesia, formó a quienes allí se encontraban para que entrasen de forma pertinente en un tipo de procesión. Así encabezados por el mismo padre, le siguieron dos monaguillos propiamente ataviados para el evento quienes quemaban incienso, le siguieron dos monaguillos más uno cargaba un estandarte religioso y otro una cruz de bronce, después venía la novia tomada del brazo por su padre, escoltados por dos pajecitos que a su paso tiraban pétalos blancos, seguían la madre y hermanos de Alina, atrás una caravana de padrinos, familiares, y amigos cercanos. Mientras el cortejo avanzabá a paso lento un coro universitario con música de cámara tocaba angelicales notas, la multitud de pie contemplaba con emoción el gran evento.

El sacerdote cincuentón celebro una magna misa, aconsejando a los recién casados sobre sus deberes, pero también dando un memorable discurso sobre la vida y la razón del matrimonio. Tan certero fue el padre en sus palabras que a más de uno le arranco silenciosas lagrimas. Siendo incluso que aquellas mujeres que eran solteras desearon casarse con una misa como la que estaban escuchando y viviendo.

La fiesta no tuvo reclamos, los hermanos de Alina estaban atareadísimos viendo esto aquí y aquello por allá, resolviendo problemas de último momento. Pero al final los resultados valieron la pena por el dedicado esfuerzo. La comida, la música, el baile de los novios, la amenizacion, todo perfectamente sincronizado de modo que nadie tuvo ni un minuto de aburrimiento.

Toco al padre de Alina ofrecer algunas palabras, él, que se sentía algo político lo hizo de manera espectacular, cuando los hijos consideraron que se estaba alargando de más a lo lejos le hicieron señas de que le cortara, el a regañadientes cerro su discurso con un brindis general levantando en alto su copa, pidiendo a la concurrencia que se pusieran de pie y el que cada quien hiciera un buen deseo para los recién esposados.

Llego la noche, la música de la fiesta se detuvo abruptamente, las luces se encendieron totalmente, era momento de despedir a Alina y Emanuel, en ese momento salían a disfrutar de unos días a la playa por su luna de miel.

XX

Clara había llegado desde las nueve pensando que por llegar temprano sería atendida antes, pero la agente Sara llego hasta pasadas las diez, todavía se dio tiempo para maquillarse, comer un emparedado y hacer unas llamadas a las amigas, para ponerse al corriente de los chismes y asuntos sin importancia.

Ya llegadas las diez y media fue cuando la agente salió a la sala de espera a llamar a Clara para poder atenderla. La viejecita a pesar de ser una persona tranquila se miraba molesta por la larga espera, como consecuencia era poco amable casi grosera.

-Señora Clara vamos a ver- dijo la agente- ayer estábamos que la habían robado en el Parque Lander, cuénteme los detalles y también las características del criminal en concreto-.

La viejecita respondió reclamándole –¡ya ve como no me escucha!, usted no me pone atención a lo que digo, si no me va a escuchar mejor que me atienda otro agente que si me escuche- demando la viejecita.

-Calma, calma, yo soy la que esta a cargo y no la puedo cambiar de agente, salvo si usted presenta una queja con el comisario general y el puede reasignar el caso a alguien más, pero eso puede llevar días. Mejor que le parece Clara si nos concentramos y vemos que podemos hacer con lo que usted me viene a decir-

-Esta bien, pero por favor, se lo pido por lo que usted más quiera, póngame atención y ayúdeme que nadie me escucha por el hecho de que estoy vieja, y a lo mejor no se me expresar bien, pues apenas y termine la secundaria- Respondió la anciana con su voz cansada.

-Ya entendí Clara, vamos a hacerlo más sencillo yo le voy a preguntar, le pido me conteste, única y exclusivamente lo que le pregunto- La viejecita asintió- ¿Dígame entonces su edad?-

-Sesenta y siete años-

- ¿Estado civil? ¿Trabaja en algo?

-Soy viuda desde hace nueve años ocho meses y catorce días, mi esposo fue coronel condecorado del ejercito nacional y vivo de su pensión.-

-¿Consume drogas, alcohol, algún psicotrópico?

-¡Que pregusta es esa! Con quien cree que esta usted tratando, no se atreva a pensar ni siquiera algo así de mi, respete mis años.- Iracunda sentencio la abuela.

- Señora Clara habrá de dispensarme, pero solo son preguntas de rigor que debemos de hacer a todos quienes acuden aquí. Me disculpo si se mal interpreto, le pido que se calme y vayamos a los hechos, ¿Qué día fue cuando ocurrieron los hechos? La hora también por favor.-

- Fue ayer mismo, por eso vine de inmediato, justo se empezaba a obscurecer, a más tardar serían las seis treinta de la tarde, yo llegue aquí como a las siete-

-Dígame, de los hechos ¿hubo algún testigo o alguien que pudiera ver lo acontecido?-

-Si, un caballero muy amable pasaba por allí, me dejo su numero telefónico por si fuera necesario-

-Es posible que lo necesitemos, ahora dígame las características físicas del delincuente-

-¡Que ya le dije que no es ningún delincuente y por favor no lo llame así!-

-Bueno, ahora no entiendo nada, usted vino por que la robaron ayer, ¿no es así?-

-Si, efectivamente-

-¿Entonces no viene a denunciar el robo?

-Ya le dije varias veces que no-

-¿Entonces a que carajos viene?, esta no es una oficina de chismes-

-Es que quien me robo, se parece a mi hijo, creo que es mi pequeño-

-¿Entonces su hijo le robo?

-Si eso creo, hace varios meses que esta extraviado, ya casi había perdido la esperanza hasta que ayer, tuve la fortuna de encontrarlo, es muy bueno, por favor no le hagan nada.

-¡Demonios!, por allí debimos haber empezado, vamos al departamento de personas extraviadas, allí les platicara usted la historia completa.

FERNANDO GONZALEZ

Nacido en la Sierra Norte, de pequeño Fernando siempre había sido obediente con sus progenitores, muy callado, tímido, también respetuoso, allí en su pequeña choza vivía amontonado con sus padres y ocho hermanos, en realidad pudieron ser once hermanos en total, pero las pobres condiciones en que vivían habrían complicado el nacimiento de otros dos, sin doctor, ni clínica, ni dinero, no pudieron sobrevivir, una hermana más, tristemente habría fallecido al caer en una barranca, así que solo quedaban ocho.

El padre de Fernando. se sentía bendecido por la cantidad de hijos que dios le había mandado, los hombres ya más grandes ayudaban en el cultivo de la parcela de escasas ocho hectáreas. Por otro lado la madre preparaba a las muchachas para ser buenas esposas, aprendiendo labores del hogar como cocinar, lavar la ropa, coser, traer agua del rio, entre otras.

A Fernando le encargaban pastorear las ocho borregas y tres chivos que tenían lo cual hacía con gusto. Todos los días apenas se asomaba el sol y las encaminaba a las regiones donde el pasto abundaba, al rio para que bebieran y a donde estaban las piedras saladas que les encantaban a sus animales. El disfrutaba de esa vida, su mundo era pequeño, con carencias, pero vivía con felicidad.

Un día un amigo de la familia los fue a visitar, este se dedicaba al comercio de prendas tradicionales, mismas que compraba a los pueblerinos de la región incluyendo a la familia de Fernando, casualmente este comerciante necesitaba a un muchacho que le pudiera ayudar arreando las mulas y acomodando la mercancía, pues el no tenía hijos, y recorrer largas distancias cargado de cosas era difícil, así que los padres fácilmente se decidieron por ofrecer a Fernandito de escasos ocho años a cambio de una generosa cantidad de dinero que les permitiría comprar al menos otras seis borregas y así incrementar su ganado.

Fernando sin miedo y obedeciendo a sus padres se fue con su nuevo amo, le ayudo constantemente, sin rezongar, con esmero y dedicación. Su amo le agarro aprecio y con el paso del tiempo lo quiso como si fuera su propio hijo, de hecho, siempre lo trato bien. Cuando pudo lo enseño a leer y a escribir, a contar, y hasta le regalo un par de libros. Mutuamente se tenían cariño.

Un día Fernando se enamoro de la hija de uno de sus clientes de la ciudad, su amo que era casi su padre le aconsejo que se casara con ella. Juntos fueron a pedir al padre de la muchacha su autorización para el casorio, al principio el papa se negó alegando que el joven no le ofrecía ningún futuro a su chamaca, pero el amo de Fernando se comprometió a dejarle al joven un negocio bien puesto. El amo de Fernando tenía fama de ser hombre de palabra y de cumplir todo lo que decía, siendo así, el padre de la muchacha no encontró mayor objeción y de inmediato dio la venia para el matrimonio de su hija.

Así enseguida se Fernando fue a buscar un local, su amo y casi padre pago la renta por un año y medio, despúes entre lo dos pensaron que negocio abrirían, al principio pensaban con seguir con la venta de prendas artesanales, pero por azares del destino se decidieron por una imprenta, un negocio innovador para la época y que prometía éxito.

Fernando se caso y fue muy feliz, tuvo dos hijos. Su amo a quien quería como a su padre se retiro del comercio, se regreso a su pueblo, misma población de donde una vez Fernando había salido, este en agradecimiento pero sobre todo por cariño a su casi padre mes con mes le enviaba una generosa cantidad más que suficiente para vivir con dignidad.

Era evidente que el negocio de la imprenta había resultado un gran éxito, que a pesar de haberlo empezado de la nada, Fernando con esmero, disciplina y dedicación lo había consolidado y llegaba gente de muchos lugares a encargar trabajos con él, incluso ya tenía varios ayudantes.

Al paso del tiempo, la gente lo miraría con respeto entonces sería conocido como "Don Fer", además a él le gustaba ese apelativo, sus trabajadores lo respetaban y querían, pues además de ser responsable con el pago de sus salarios siempre era benévolo, incluso cuando alguno tenía cierto problema el los ayudaba y pagaba lo que fuera necesario con tal de hacer el bien.

Don Fer en su afán de ser buen padre pensó que mandando a sus hijos a los mejores colegios les haría bien, también les dio todo lo que pudo, pero algo salió mal. A sus hijos siempre les dio el dinero que le pedían, pero con eso tomaban alcohol y llegaban tarde, tenían muchos vicios, no respetaban a las personas y se creían más que otros.

Cuando los muchachos fueron mayores Don Fer creyendo que era momento de ser relevado puso el negocio en manos de ellos, confiando en parte que la responsabilidad los haría mejores, ¡gran error!

Al poco tiempo de que los hijos llevaran el negocio, este se fue en picada, y antes de caer en la bancarrota total, lo malbarataron. También la casa en donde vivían todos, fue vendida por los hijos quienes literalmente sacaron a patadas a sus progenitores, estos últimos siendo buenas personas se fueron sin hacer pleito de ningún tipo, por suerte no volvieron a saber más de sus hijos, ninguno de los dos guardo rencor hacía ellos y pronto en sus corazones los perdonaron.

Por suerte Don Fer había reservado una cuenta en un banco, de la que nadie tenía conocimiento con suficientes fondos para reiniciar su vida. Así que dos años después compro un local comercial en una zona regular e instalo allí su pequeña imprenta, la cual no era tan grande como la anterior pero daba los suficientes ingresos para vivir dignamente.

Cabe aclarar que Don Fer tenía dinero suficiente para comprar una casa, pero hablando con su esposa a quien seguía amando infinitamente, juntos decidieron mejor rentar un pequeño departamento, ya ambos se sintieron grandes de edad y mutuamente resolvieron: -¿Qué pasaría si algún día nuestros hijos regresaran y quisieran vender nuestra casa?, mejor rentamos un lugar pequeño y con este dinero viajamos un poco.- Se sonrieron y así lo hicieron.

Pasaron diez años de viviendo de esa manera, la imprenta les dejaba algo, y viajaban cuando podian, tal vez fueron los años más felices de sus vidas. Pero la felicidad no puede ser para siempre y la desgracia un día toco a su puerta. Un mal día su esposa se comenzó a sentir cansada, más de lo habitual, al principio pensaron que era normal por la edad, pero después vinieron dolores, cuando acudieron al medico este le diagnostico una enfermedad terminal, le dio un máximo de tres meses de vida, ¡cual equivocado estaba!, a los quince días la mujer fallecería mientras dormía.

Para Don Fer todo fue muy triste, ya no tenía amigos, al funeral solo acudió el sacerdote, y unos pocos vecinos curiosos.

Su vida de don Fer estaba acabada, así lo sentía el y se sumió en la plena depresión, comenzó a vivir estando muerto, su esposa se llevo consigo su alegría, su alma, todo. Ahora el viejo solo se perdía en sus pensamientos, miraba hacia la nada y se clavaba así por horas. En el fondo quería reunirse con su amada, pero tal vez era muy cobarde o sus creencias no le permitían suicidarse. Continuaba yendo a la imprenta porque tenía que ir, y lo hacia como su esposa lo había enseñado, llegar cinco minutos antes de las seis de la mañana, excelentemente arreglado y con el perfume que ella siempre le compraba, lavanda con madera vieja, el mismo que había usado cuando se casaron.

XXI

Era un nuevo día, Emanuel y Alina no podían ser más felices, el futuro bebé, el excelente éxito de la imprenta, hasta el clima, todo estaba acorde a lo deseado. Ambos se sentían muy bien, la felicidad que pasaban a cada día, hasta el más mínimo detalle era satisfactorio, todo era perfecto, nada podía ser mejor.

En el vientre de Alina el bebé crecía más y más, cada consulta a la que iban con el doctor Wilson les brindaba seguridad, pues los resultados eran muy claros y positivos, el pequeño crecía de la mejor manera, sus órganos se formaban progresivamente, los ojitos, la espalda, los piecitos, el corazón, el cerebrito, todo iba excelentemente bien.

Al principio tenían que ir constantemente con el doctor, quien era muy meticuloso en los detalles, incluso lo mas simple merecía un examen y dedicación profunda. Un día Alina tuvo un dolor en un oído, como consecuencia: exámenes de todo incluyendo una visita con el otorrinolaringólogo fue necesaria. Otra ocasión unas pequeñas varices aparecieron en la pierna izquierda, también fueron necesarios múltiples ultrasonidos y visitas con el angiólogo.

Nada se le escapaba al doctor Wilson, era muy escrupuloso, prefería exagerar a permitir que algo malo pasara. Muchas veces el bolsillo de Emanuel lo resentía, aunque por otro lado él de verdad que lo agradecía, pues se sentía seguro de que todo iba por el camino correcto, los exámenes, estudios y pruebas avalaban el correcto andar de las cosas.

Como padres primerizos el temor se encontraba en cada situación por simple que fuera, más de una vez llamaron al doctor Wilson a la media noche porque Alina se sentía mal, el doctor siendo muy atento a su profesión atendía a sus llamados sin importar la hora, incluso el mismo doctor se ofreció a ir a su domicilio de ser necesario, pero la verdad de las cosas es que las emergencias nocturnas siempre fueron exageraciones de Alina.

El doctor Wilson atento a su profesión supo conducir las cosas correctamente tranquilizando a los padres primerizos con respuestas idóneas, solucionando los problemas e inquietudes de la manera adecuada. Así Emanuel y Alina adquirieron confianza en el experimentado doctor.

Pasaron varios meses, el vientre de Alina creció desmedidamente, ya no podía hacer las cosas que normalmente realizaba, al principio ella habría indicado al doctor Wilson una Cesárea, ella no quería sentir ningún dolor, pero después de incontables consejos, un curso prenatal y las palabras de Emanuel se decidió por un parto natural. Eso si, no quería sufrir ningún tipo de dolor, por lo cual haría uso de todo tipo de medicamentos incluyendo la anestesia epidural y lo que fuera con tal de que la experiencia de ser madre fuera lo menos dolorosa posible. EL parto estaba programado dentro de un mes justo al inicio de la primavera.

Emanuel compró todo lo que pudo para su pequeño bebé, desde las ropitas, hasta una carriola equipada con frenos eléctricos y luces led para que siempre fueran vistos a la hora que fuera logrando evitar cualquier posibler accidente. También cada vez que podían compraban ropitas, algunas de animalitos, otras de colores acorde al bebé, también con telas muy aterciopeladas y hasta aquellas que por ser de marca reconocida valían bastante caras que aunque en realidad eran las mismas que cualquiera. Al final de todo, ellos pensaban que su bebé valía lo que fuera, incluso más que ellos mismos.

Tenían que elegir a donde nacería su bebé, así que visitaron media docena de hospitales de la ciudad, al final se decidieron por uno que posiblemente era el mejor de la región. Emanuel que, aunque al principio lo pensó detenidamente por no tener el suficiente dinero para pagarlo, se resigno pasando su tarjeta de crédito garantizando así la estancia para su bebé en ese hospital.

Cuando quisieron conocer la habitación que ocuparían en la fecha del parto, la enfermera encargada aprovechó y les mostro cada rincón del hospital. La pareja de enamorados se ilusionaba imaginándose a su pequeño angelito naciendo, yaciendo en esas instalaciones, se emocionaron mucho abrazándose, besándose.

Un día Emanuel se desapareció casi todo el día alegando asuntos de negocios, la verdad es que a esas alturas Alina acudía poco a la imprenta y aunque ayudaba lo más que podía desde casa, con diseños, correos, llamadas, etc., la verdad era que los pedidos eran tantos que no se daban abasto. Precisamente Alina estaba muy sensible por su estado y se molesto tanto con él por su larga ausencia prometiéndose divorciar de Emanuel inmediatamente, había llorado todo el día, no dejo de llamarlo marcándole ese día no menos de cien veces, hasta amenazo con no dejarle ver al bebé nunca en su vida. Ciertamente Emanuel se encontraba ocupado cerrando importantes negocios, pero también se dio un rato para poder comprar una cuna y algunos juguetes para su futuro bebe.

Cuando llego a casa Alina casi quería matarlo, pasa que si se esta en estado de embarazo los altibajos emocionales son repentinos y constantes. Así que en un momento ella lo abrazaba por el gusto de verle y al poco rato le pegaba al pecho mal diciéndolo y reclamándole. Todo el lio termino cuando el mostro a Alina los regalos para el bebe, una cuna movible con posibilidad de anexarla a la cama así como juguetes interactivos que ayudarían al sano desarrollo del bebe y sus habilidades.

Las lagrimas de coraje pronto se convirtieron en lagrimas de alegría, ella se emocionó bastante que comenzó a poner la cuna al lado de la cama de ellos ya lista para cuando llegara su pequeño, también empezó a andar con la carriola por todos lados, tanto que para estar segura de que la carriola funcionaba correctamente obligo a Emanuel a llevarla al parque más cercano para andar con la dichosa carriola por todos los andenes como si ya estuviera el crio con ellos. Se sintieron felices.

Ese día durmieron abrazados como siempre, se besaron y a pesar del abultado vientre hicieron el amor, la idea de ser padres por primera vez los emocionaba bastante.

XXII

-Gracias señora Clara por su visita, la agente Sara nos ha dado ya un resumen del porque de su visita, mientras tanto hemos ya logrado encontrar el expediente de su hijo que aquí tengo conmigo. La vez pasada cuando nos reporto la perdida de su hijo nos proporciono fotos de el, pero me comenta la agente que al parecer ha habido un cambio en la imagen de su muchacho.-

- Muchas gracias oficial, cual es su nombre?- Cuestiono la anciana.

- Llámeme Javier, no me gustan las formalidades, soy el encargado del departamento de personas perdidas, ahora bien dígame ¿Por qué creé que la persona que vio era su hijo? –

-Soy su madre y aunque no esta conmigo sigo amando a mi hijo como desde el primer día, al principio no me di cuenta que era el porque ya obscurecía un poco y mi vista ya esta cansada, ya no es como antes, que podía yo estar todo el tiempo leyendo o viendo la televisión, ya la vista se me cansa jovencito. Pero cuando mi hijo me miró a los ojos me percate que era él, no importaba que la barba le cubriera el rostro, ni tampoco que estuviera lleno de suciedad, lo reconocí, ¡es el!- La viejecita se emocionaba al decirlo y le brillaban los ojos.

- Entonces ahora su hijo se ha vuelto un vagabundo, y hasta delincuente, robando en el Parque Lander, déjeme tomar nota- y el agente dentro de los papeles que tenía del expediente anotaba a pluma algunos apuntes.

-¡El no es ningún delincuente!, tiene hambre y por eso se vio obligado a hacerlo, si ustedes hubieran hecho su trabajo desde antes como se debe, el no estaría penando ni pasando hambres, ni frio y quien sabe que más, le exijo que vayamos en este mismo momento a buscarlo y le prohíbo que se exprese mal de mi pequeño-

-Calma señora, solo estoy haciendo las anotaciones de acuerdo a lo que usted me indica-

-¡Como quiere que me calme si allá afuera esta mi bebe, en la desgracia! Si fuera su hijo ¿que haría? ¿Allí andaría verdad? Buscándolo sin parar, pero como yo solo soy una vieja y no tengo ninguna posición, por eso no me hacen caso. Si viviera mi marido, ya seguro le hubieran hecho caso, el si no era nada tranquilo, absolutamente nada, ya hubiera puesto orden. –

-La entiendo señora, pero todo lleva un proceso y lo que vamos a hacer ahora es recabar toda la información necesaria para poder localizar a su hijo, por favor sígame diciendo como estaba vestido-

-Como un mendigo, ropa sucia, trapos, chamarra renegrida, olía mal ¿Usted nunca ha visto a un mendigo? –

- Claro que si, pero necesitamos datos particulares, no voy a mandar a la policía a traerme a todos los mendigos de la ciudad, sería imposible, ¡hay miles!-

- Tienes razón hijo, es que me domina la impotencia de saber que mi hijo esta allí afuera y de que no puedo hacer nada-

- Verá que lo encontraremos, si el esta allá afuera daremos con el, solo téngame paciencia y haga lo que le pidamos por favor. Aquí tengo la fotografía de su chico, la mas reciente de hace dos años, entonces vamos a simular conjuntamente con los detalles que usted nos de, una imagen de cómo se ve hoy, ahora con la tecnología moderna, podemos obtener una imagen muy similar a la que tenga usted en su mente, pero insisto necesito detalles-

- Entonces déjame recordar con detenimiento ese día: haciendo memoria yo creo que no ha subido de peso, sigue igual, siempre se rasuraba pero esta vez tenía una barba muy larga, le crece de forma irregular, ya le pintaban unas cuantas canas en la barba igual en la cabeza, el cabello lo tiene largo casi a la altura del hombro muy desarreglado, grasiento, me da pena decirlo pero tiene el rostro renegrido, eso es lo que más pude ver, no puedo dar más detalles, como dije obscurecía y la vista ya me falla un poco-

-No se preocupe, con esto me basta- El agente Javier tecleaba frente al ordenador, utilizaba el ratón, fijando su mirada y concentración al monitor, así se paso algunos minutos mientras la abuela se angustiaba por la espera, finalmente el dijo – Muy bien ya lo tengo, ahora solo lo imprimo, ¡voalá aquí esta! ¿Ahora dígame si así se ve su hijo en estos momentos?- Y le entrego la impresión a Clara.

La viejecita lloró – si es el, sin duda, así se ve, pobre de mi pequeño, ¿por qué tiene que sufrir? por favor encuéntrelo por lo que más quiera, es lo único que me queda en esta vida, no quiero que siga sufriendo más de lo que ya ha sufrido-

-Mire Madre, ahora estoy haciendo varias impresiones de este retrato que hemos hecho, se lo proporcionaré a cada patrulla, daré la orden de que lo comparen con cada uno de los mendigos que vean por la calle, de ser posible a estos les tomaran fotos, las traerán y aquí las compulsaremos para que no exista ninguna duda y así hasta que demos con el paradero de su hijo-

Ella seguía llorando pues la emoción de que existía una esperanza de encontrar a su hijo con vida, reanimaba su ilusión, el deseo de ver de nuevo a Emanuel con ella, de poderlo abrazar, de verlo en su sala, de poderle hacer lo que a el le gustaba, todo eso la hacia sollozar.

El agente Javier hizo lo propio, se entregaron cuantos retratos hablados fueron necesarios, los oficiales seguían las indicaciones precisas de comparar la imagen con cada vagabundo y mendigo, pero a pesar de hacerlo múltiples veces no tuvieron suerte.

Al pasar los días, los policías perdieron interés en el asunto, se olvidaron de los mendigos, del retrato, del muchacho perdido, ciertamente había muchas cosas más que atender en la gran metrópoli, delincuentes, crímenes, casos sin resolver, asesinatos, la lista era interminable.

Clara no dejaba de ir a la Policía para insistir en su caso, cuando la veían llegar decían –ya llego la viejecita loca- lo que no consideraban es que el amor de una madre no tiene limites, como tal, ella nunca se dio por vencida, visitó las morgues, hospitales, anexos, albergues, no tuvo suerte, pero sentía que no podía darse por rendida menos ahora que la llama de la esperanza estaba encendida y ella no dejaría que se apagase.

XXIII

La pesadilla ahora sabía a gloria, todo caminaba muy bien, aun quedaban muchas cosas por mejorar pero en general la vida marchaba sobre ruedas, Emanuel agradecía a la vida las cosas que tenía. Un trabajo, comida, salud, y un techo que, aunque era ajeno pero al menos tenía un refugio.

Recordemos que vivía en una casa en obra negra, así lo había venido haciendo, de hecho, ya se había acostumbrado. De alguna manera había logrado tener las cosas en orden, vivir de una manera más o menos digna, por ejemplo a las ventanas y puertas les puso nylon protegiéndose así de las corrientes de aire, lluvia, polvo, etc. También hallo la manera de improvisar un baño con agua, que aunque tenía que acarrearla a cubetazos, pero ya cumplía con todas las funciones de higiene. Su cama estaba compuesta de cobijas que había adquirido, unas colocadas en el suelo hacían las veces de colchón, otras lo cubrían para asosegar el frio.

Emanuel acudía religiosamente a su trabajo, con puntualidad y esmero, allí día a día miraba a Don Fer con esos ojitos tristes y mirada extraviada. Varias veces intento entablar una platica, pero no pudo. Las respuestas cortas de su patrón eran siempre evasivas, este no quería hablar con nadie, no dejaban por donde poder enlazar la charla, el viejo prefería la intimidad de sus pensamientos. Con el tiempo se dio por vencido limitándose a saludarlo, hablando con el solamente lo indispensable.

La pequeña imprenta caminaba bien puesto que Emanuel siempre se encontraba atento a cada detalle, era verdaderamente un emprendedor. Lograba captar nuevos clientes, otras más regresaban ya sea porque habían quedado satisfechos por trabajos anteriores o porque algún cliente satisfecho los había recomendado. Dado que la cantidad de trabajo era mayor, también los insumos que se necesitaban, Emanuel logro reducir los costos de estos pues los proveedores podían hacer reducciones con ventas mayores. A la vez el redujo los precios de sus productos, en consecuencia más clientes llegaron.

Pero la desgracia un día llego, pues justo Emanuel caminaba hacia su casa (que no era suya, ni tampoco era una casa) o como se le pudiera llamar, aun había un poco de luz, se inquieto cuando a la distancia observo como trabajadores salían de su hogar, acelero el paso. Cuando llego los trabajadores ya habían montado marcha en un vehículo sin poder hablar ni siquiera con ellos. Ahora la entrada de la casa estaba cerrada con unas tablas de madera, no era posible acceder al interior de la casa. Esto significaba que las obras de construcción se habían reiniciado.

Al frente sobre la calle yacía un contenedor enorme para recolectar desperdicios, Emanuel se asomó al interior para entonces ya oscurecía, logró observar que era exclusivamente para la obra de la casa que antaño era su hogar, se miraban pedazos de concreto, maleza, desperdicio, así como unas cobijas. ¡Eran las suyas! Se apresuró a meterse al contenedor, fácilmente lo logro, el aun estaba joven, últimamente se alimentaba bien y estaba fuerte y ágil, pudo tomar sus cobijas, lo demás seguramente también estaría allí, pero debajo del concreto o el desperdicio, el mismo se resigno, lamentándose se fue del lugar. Era momento de buscar un nuevo hogar.

Ya estaba entrada la noche, no tenía tiempo de estar explorando, ni de ir de aquí para allá se durmió donde pudo, paso frio, la poca gente que pasaba que por la hora eran borrachos o mendigos lo molestaban, esa noche casi no pudo dormir.

Así tuvo que andar penando casi quince días, sufriendo de todo, alguna vez le aventaron un balde de agua, unos jóvenes universitarios pasaron ya con sus copas le regaron cerveza en su rostro, un mendigo llego y se acostó junto a el. La verdad que Emanuel en cuanto llegaba la mañana se dirigía a la imprenta allí en el baño se aseaba, se arreglaba y volvía a ser alguien.

Justamente un día pasó la policía, al verlo tirado sobre la calle los uniformados decidieron despertarlo, Emanuel al ver los uniformados se espantó, pensó que se lo llevarían a la cárcel, sentía que el corazón se le salía, cuando los oficiales de entre sus cosas sacaron un retrato que sin duda era el, el mismo Emanuel se reconoció, lo sabía perfectamente, por un momento quiso revelar su identidad y ofrecerse a pagar lo que había tomado de la anciana, pero tuvo miedo, también recordó que tenía muchos pedidos en la imprenta, que si se lo llevaban dejaría en mal a Don Fer.

Los policías alegaban entre ellos, uno sostenía que si podía ser el de la foto porque los ojos eran idénticos, mientras el otro decía que no podía ser, por un momento dudaron en tomarle una foto a ese mendigo y enviarla al agente Javier, pero pensaron que si este hombre fuera vagabundo ¿Porqué viene perfectamente rasurado? También no estaba mal vestido. El par de policías se retiró pensando que este hombre no tenía nada que ver, con el que buscaban.

Cuando los policías se fueron el corazón de Emanuel volvió a latir con normalidad, pero ya no pudo dormir, ya por la mañana le pidió nuevamente a Don Fer que lo dejara dormir allí, el viejecito quien a pesar de estar en otro mundo acepto, el nuevo hogar de Emanuel sería un rincón que lo considero por lejos mucho mejor que su antiguo hogar, cada noche se sentía agradecido por ello.

En los días subsecuentes cuando Don Fer llegaba se encontraba con la sorpresa de que ya el local estaba abierto, Emanuel ya se encontraba trabajando con entusiasmo. Por las tardes el viejecito ya no necesitaba cerrar, pues Emanuel se quedaba a dormir allí. Entendió que su única función de abrir y cerrar el local había dejado de ser necesaria, el abuelo de hecho había dejado de ser indispensable en el negocio, se lamentó.

Un buen día, Don Fer ya no llego, Emanuel se extraño pues el viejo nunca había faltado, al principio creyó que regresaría pronto, pero pasaron y pasaron los días y el viejecito nunca apareció. Pregunto a los vecinos si sabían donde vivía el abuelo pues el nunca había podido entablar platica, Emanuel desconocía de hecho todo de Don Fer, resulto que los vecinos no sabían detalle alguno de él, de hecho ni siquiera lo saludaban. Buscó al niño que en un principio acudía a la imprenta, el tampoco sabía nada. No quedaba otro remedio más que esperar a que un buen día el viejo regresara.

Ese día don Fer se arreglo como todos los días, a punto estaba de salir como cada mañana a abrir la imprenta, se acerco al cuadro de la sala donde estaba pintada su amada esposa, el acostumbraba a despedirse de ella siempre antes de salir, pero esta vez había algo en ese cuadro que cambiaria el rumbo de las cosas.

La mirada de su esposa en la pintura por alguna razón se miraba diferente, hoy era más profunda y se adentraba en el mirar de Don Fer.

Don Fer al percatarse de eso apresuradamente fue a sacar las fotos que había acumulado durante su vida, las tenía en una caja de madera muy decorada, al sacarlas puso atención en la mirada de su esposa, ciertamente no era la misma. Don Fer con resignación se dijo en sus adentros ha llegado la hora.

Se acomodó para poder ver con detalle cada una de los álbumes, algunas fotos sueltas. Desde la fotografía de cuando se casaron en blanco y negro, desgastada y maltratada. Otras fotos de sus hijos cuando eran pequeños, de su mega imprenta, de su antigua casa. Ya más recientes las fotos al lado de su esposa en la playa, en zonas arqueológicas, en el bosque, montados a caballo, en una carreta, en senderos dentro del bosque, cuando fueron a un ritual con un brujo que les hizo una limpia. Cada foto que pasaba le hacía revivir viejos tiempo, ¡Buenos tiempos!, por primera vez desde que su esposa había fallecido se marcaba una gran sonrisa en el rostro de Don Fer, las lagrimas de alegría cayeron entre las fotos, las apretaba con fuerza hacia su pecho.

De repente escuchó la voz de su amada, se paró de golpe con susto pero a la vez con alegría, tiró las fotografías, estaba impresionado, exaltado por lo que escuchó, volteó por todos lados, al principio no vio a nadie, pero estaba seguro era la voz de su esposa, de pronto sintió una presencia tras de él, lentamente volteó hacia atrás. Allí estaba, era su esposa ella se veía rejuvenecida como cuando se habían casado, Don Fer se alegró al verla, ella le dijo:

-Fernando mi amor ha llegado la hora-

-Amanda, mi amor me hacías tanta falta, gracias por estar aquí de nuevo conmigo- la abrazo como nunca, la beso, le acaricio su cabello. Don Fer se sintió más fuerte y rejuvenecido en ese momento, miro sus manos y ya no estaban arrugadas, su andar ya no era lento, ni cansado.

Los enamorados se tomaron de las manos, y caminaron hacia el horizonte, ahora ya nadie podría separarlos nunca más.

CLARA BIANCO LIM

Acostumbrada a las buenas costumbres siempre se comportó como una dama de antaño, de joven nunca salió sola a la calle, si lo hacia tenía que hacerlo acompañada, en casa ayudaba a las actividades del hogar, a cocinar, a bordar. Acudía una institutriz a su casa que les enseñaba a ella y su hermana lecciones de poesía, literatura clásica, a tocar el piano y pintar.

De esa manera Clara tomo gusto por la lectura, también por la historia e idiomas, por su cuenta aprendió Francés considerada en la época una lengua para gente culta. Ella hubiera querido estudiar medicina y ser doctora, aunque no tuvo ni siquiera el valor de contárselo a sus padres, prefirió callarse dejando que sus padres decidieran por su futuro, ellos seguro que tomarían la mejor decisión. Mientras estuvo en casa de sus padres fue una mujer alegre, risueña, honestamente no le faltaba nada.

Tuvo un hermano y otra hermana esta era la menor de todos llamada Agatha, soñaba mucho. Agatha gustaba de escaparse por las tardes de casa, en una de esas tantas salidas a escondida se enamoró de un joven, hijo de una familia acaudalada llamado Dalton, era apuesto, valiente, bien educado, estudiaba en la escuela militar, era uno de los mejores de su clase. El amor que sentía Agatha por Dalton era reciproco, pues a decir verdad el estaba también enamorado, aunque sus encuentros eran fugaces, los pocos minutos que se veían les eran suficientes para mantener su apasionado amor. A esto se sumaba la comunicación que lograron entablar a través de cartas que se solían enviar a través de la servidumbre de ambos. Se prometieron amor para siempre jurando que se casarían.

Dante se armó de valor haciendo del conocimiento de sus padres su decisión de contraer nupcias, ellos ciertamente no vieron nada mal en Agatha, pues provenía de una familia a la que conocían muy bien, existía de hecho cierta amistad, sabían perfectamente que era un noble familia, con hijos muy bien educados y Agatha por supuesto era un buen partido.

Así pues Dalton padre y Dalton hijo acudieron al hogar de la novia, tal como correspondía la tradición de pedir la mano en matrimonio de Agatha, para lo cual, el padre de Agatha les recibió en familia con una cena ofreciendo un gran banquete, todo era alegría, euforia, emoción. Cuando Dalton se dispuso a hablar fue interrumpido por el anfitrión(el padre de Agatha) pidiendo que se reunieran en privado en el estudio, allí les invitaría un trago de coñac para hablar más en confianza. Todo esto enturbio los pensamiento del joven militar, pues intuyo que algo no estaba bien.

Ya en la oficina el padre de Agatha hablo:

-Dalton padre y Dalton hijo, yo les aprecio mucho sintiéndome agradecido por el gran honor que tienen en venir aquí a su humilde casa, se a que han venido, también lamentó causarles un desaire pero antes de que me lo digan tengo el deber de decirles que no puedo aceptar la boda entre tu y mi pequeña Agatha-

Cuando escucharon eso padre e hijo se quedaron atónitos, Dalton sintió un escalofrió que le recorría en todo el cuerpo, casi quería llorar, ¿Qué estaba mal? ¿Por qué no podía casarse con la mujer que amaba? Dalton hijo dijo –Señor disculpando mi atrevimiento, ¿pero es que acaso he hecho algo que lo ofenda?, si es así permítame reparar el daño, ¡pero por favor déjeme casar con su hija!- imploro el joven casi llorando.

-No eres tu muchacho, así esta decidido y por favor no me insistas, mi oferta es la siguiente: te doy la mano de mi hija Clara también es muy bonita, ya con el tiempo la iras queriendo, también como dote te doy cien monedas de oro, que se depositaran en el banco a nombre de ella-

Dalton Jr. no supo que decir, los pensamientos se le borraron, le fue arrancada el habla, el amaba a Agatha y ella a el, no podía hacer esto, era alta traición.

Cuando Dalton hijo no supo que decir, Dalton padre entro en platica, pidió al Padre de Agatha reconsiderar su posición, pero este se opuso rotundamente. -No hay vuelta atrás esta decidido- insistió. -Ella tendrá otra tarea a la que será encomendada- dijo el padre de Agatha muy seriamente.

Ya sin la intervención de Dalton hijo ambos padres aceptaron el matrimonio entre Dalton Junior y Clara, entonces se hicieron los arreglos para la boda, los jóvenes inicialmente se negaban pues no se amaban, pero fueron obligados y al final accedieron.

Los verdaderos enamorados Dalton y Agatha no tuvieron más que aceptar los designios de sus padres, o porque estaban acostumbrados a seguir ordenes de ellos o porque fueron muy tontos y cobardes para pelear por su amor.

Así es como entra Clara en esta historia, sin siquiera pensarlo, casándose de blanco con un hombre que apenas y conocía, el hombre que estaba enamorado de su hermana.

Por si las dudas y para asegurar el matrimonio los padres acordaron enviar a vivir a los recién esposados a la capital lejos de su lugar de origen, allí Dalton padre les compraría una casa con todo lo necesario.

Con el tiempo Dalton Jr. se acostumbraría a Clara aunque nunca la amaría del todo, en su relación de pareja logro existir cierto amor pero nunca la pasión ni la entrega de un amor verdadero que nace de manera natural y espontanea. Dalton como militar lograría grandes méritos en el ejercito, ya sea por su disciplina o por su valentía, alcanzando en poco tiempo el grado de general, logrando de manera permanente al mando de un numeroso regimiento.

En el trascurso tendrían un hijo a quien llamarían Emanuel que aunque nunca siguió la escuela militar se habría regido por una educación severa y estricta. Clara sería una buena madre dedicada a su pequeño, y habiendo sido educada con rigor, en casa siempre mantendría un orden en las cosas, así como la plena educación de su hijo.

Un día en una población cercana a la capital sucedió una gran explosión en un ducto de petróleo, el general Dalton estaba de servicio, acudiendo de inmediato con parte de su regimiento al apoyo y rescate de la población, las casas en riesgo se contaban por cientos, acordonaron el área, cuando todo parecía estar controlado una segunda explosión en las cercanías ocurrió ahora al lado de una escuela que por la necedad de su directora no había sido evacuada. Con la valentía que lo distinguía el general Dalton personalmente entro a la escuela acompañado de sus hombres más valientes logrando evacuar a todos los niños y personal del colegio.

Fue condecorado una vez más por su valentía, pero a causa de los gases tóxicos inhalados en exceso y el humo al que estuvo expuesto el general

Dalton quedaría lisiado de sus pulmones de manera permanente. Un año después de la desgracia y en la tranquilidad de su cama el General Dalton pasaría a mejor vida mientras dormía, cuando esto paso Emanuel justa había terminado la universidad.

Al funeral del General Dalton, acudieron miles, se hicieron grandes honores con disparos de cañones y salvas, incluso grandes personalidades del momento hicieron guardia de honor junto al féretro. Exactamente allí después de tantos años Clara volvió a ver a su hermana Agatha, que aunque se saludaron y platicaron un poco nunca pudieron reconciliarse de los acontecimientos del pasado, las cicatrices de la juventud fueron incurables, después de esa ocasión nunca más se volverían a ver.

Así a la edad de cincuenta y siete años Clara se quedaba viuda, con un hijo profesionista.

XXIV

El nacimiento del bebé estaba ya próximo, Emanuel y Alina no habían salido de casa con la intención de estar listos para cuando se presentaran las primeras contracciones, todo estaba preparado, habían cuidado cada detalle por minúsculo que fuera.

En la puerta dos maletas listas, la primera con lo necesario para Alina que incluía: tres piyamas, dos mudas de ropa, maquillaje, cámara fotográfica, una bocina portátil para escuchar la música que le gustaba en el hospital, una almohada, dos sostenes con sistema de quita fácil para poder amamantar al bebé, una chamarra, dos suéteres, pomada para el dolor de espalda, un masajeador para la espalda, un piojito para la cabeza que es más bien una araña de alambre que masajea el cuero cabelludo produciendo una sensación de relajación, también había champú, gel de baño, su esponja favorita e incluso un set de aromaterapia.

En la otra maleta se encontraban las cosas necesarias para quien sería su bebe es decir: dos mudas de ropita color azul, dos cobijitas afelpadas, un par de guantecitos, dos gorritas de forma de changuito, seis pañales ecológicos con sus respectivos repuestos, un changuito de trapo, un biberón, un chupón, pomada hipo alérgica para rozaduras, una toallita de animalitos del zoológico, champú para bebes, una esponja extra suave, un aparato para poder extraer los moquitos de la nariz.

También en la puerta yacía una pelota de yoga, y en una pequeña bolsa de plástico estaba una muda de ropa interior pare Emanuel con su cepillo de dientes. La carriola desde hacia días ya se encontraba en la cajuela del vehículo de Emanuel, todo listo sin improvisaciones para la llegada de su bebe.

Cuando estaban comiendo alrededor de las dos de la tarde Alina sintió que algo liquido y caliente corría por entre sus piernas, debía de ser una de las señales esperadas. Emanuel se acerco analizando lo sucedido y coincidieron ¡Se había roto la fuente!

Llamaron de inmediato al doctor Wilson quien a la primera tomo su llamada, les dijo:

-Me alegro, ya tenemos la primera señal, ahora como se los había dicho antes, vamos a tomar las cosas con calma, así que deben de medir la frecuencia de las contracciones, hasta que sean continuas, calculo unas dos horas aproximadamente, entonces se van al hospital y allí nos vemos, de momento yo estoy empezando a comer aquí muy cerca precisamente del hospital, entonces tengo tiempo suficiente para terminar y hacer la orden de ingreso, no me despido sin antes decirles ¡Felicidades hoy van a ser padres!- y colgó.

Emocionados siguieron las instrucciones del doctor, las contracciones tardaron en llegar como una hora, mientras Emanuel trataba de tener contenta a su esposa leyéndole historias o masajeando su espalda. También en el estéreo pusieron la música que ella había elegido. Cuando efectivamente las contracciones entraron en un ritmo constante Emanuel subió las maletas al auto al igual que la pelota, verificó que las luces quedaran todas apagadas, después con mucho cuidado condujo a Alina al auto le abrió la puerta sentándola lentamente, haciéndola sentir lo mas cómoda posible.

En el camino avisaron a todos que ya era hora, que se dirigían al hospital. Primero Alina marco a su madre dándole los mas mínimos detalles de las contracciones incluso duración en segundos y frecuencia en que se presentaban. Ella misma después de colgar con su madre llamo a la madre de Emanuel dándole las buenas nuevas, en este caso no fue tan detallista, pero si se mostraron ambas la emoción por lo acontecido.

Justo al colgar Emanuel encendió la radio, en eso que la prendió estaba el noticiero informando que un trágico accidente había acontecido en ese momento, dos autobuses habían chocado de frente, había muchos heridos y aun no se sabía si habían muertos, para la mala suerte de los enamorados el accidente se había presentado cerca del hospital a donde se dirigían, en consecuencia el trafico se tornaba pesado y de lento avance. Prefirieron cambiar la estación y escuchar música alegre, no era momento para preocuparse de otras cosas, ya tenían bastante con el parto de Alina.

Cuando finalmente lograron cruzar el intenso trafico llegaron a su destino. El hospital era imponente tenía fama de ser uno de los mejores del país. Estacionaron el auto en el estacionamiento dispuesto para mujeres embarazadas, Emanuel se bajo tan rápido como pudo, pues bastante tiempo habían perdido con el intenso trafico, de inmediato ayudo a bajar lentamente a su esposa, abrió la cajuela bajo las maletas, juntos muy lentamente emprendieron camino hacia la entrada principal, en la distancia se alcanzaban a escuchar bastantes sirenas ya sean de ambulancias o de patrullas, recordaron que habían escuchado del accidente que ciertamente había ocurrido cercanamente. Se lamentaron por la desgracia pero no le tomaron mayor importancia.

El vestíbulo del hospital era enorme, pero bien ordenado, se podía ver alguna cafetería, un restaurante, una farmacia, tienda de regalos, cajeros automáticos, escritorios, salitas de espera, mesas, y las conocidas hileras de sillas de espera. Allí a la disposición de todos, se encontraban revistas y los periódicos de mayor circulación para que aquellos que tuvieran que esperar lo hicieran con un poco de lectura.

Alina y Emanuel ya habían acudido varias veces al hospital y conocían muy bien a donde deberían de dirigirse, así que fueron al escritorio responsable de los ingresos y a quien estaba allí le dijeron:

-Señorita como podrá ver usted, mi esposa esta a punto de dar a luz, y hemos venido antes y hemos pagado lo correspondiente al internamiento de mi esposa, aquí tiene mi comprobante, debe de tener allí ya seguramente la orden de ingreso por parte del doctor Edwin Wilson quien es el ginecólogo que nos esta atendiendo-

DOCTOR EDWIN WILSON

Nacido en los Estados Unidos de Norteamérica, proveniente de una familia de médicos, estudió medicina en una de las universidades más prestigiosas de Inglaterra, allí conoció de cerca a connotados médicos de quienes aprendió de viva voz sus técnicas, trasmitiéndole a él los conocimientos científicos más reconocidos y modernos. Como medico utiliza las técnicas del momento, y acostumbra a emplear los equipos tecnológicos más avanzados.

Desde que inicio su carrera, se prometió estudiar ginecología como especialidad, la maravilla de la concepción, del nacimiento, la obra maestra de dios, eso era lo que el quería aprender. Así que cuando regreso al país fue aceptado con facilidad en la universidad nacional, donde llevaría a cabo esta especialidad, en poco tiempo concluiría con méritos y reconocimientos por parte de sus maestros y colegas.

Hombre de fe, apegado a su familia con dos hijos y dos hijas, acostumbrado a ir los domingos a la iglesia, posteriormente llevar a un paseo a su familia, siempre fue persona de buenas costumbres, todo un caballero.

Como parte de su formación frecuentaba convenciones y seminarios internacionales, en donde por lo regular el también era ponente con alguna de sus experiencias o investigaciones, para decir verdad el doctor Wilson era reconocido como una eminencia en la materia.

Tenía pocos vicios, el primero constaba en acudir a shows de comediantes, en las diferentes modalidades existentes, sea en teatro, stand up, chistes, o como fuera. Había ido a las vegas, Paris, Roma, con la intención precisamente de ver algún espectáculo cómico. Por cierto el doctor Wilson dominaba el francés, español, italiano por supuesto también el ingles.

Su otro vicio era la comida, en verdad que gozaba de la buena cocina, los postres, las hamburguesas, pero su delirio eran las carnes rojas, que, entre más marmoleadas estuvieran, es decir con más grasa, eran mejores. Ciertamente la grasa siempre realza los sabores en la comida. Consecuencia de este placer el doctor Wilson a sus sesenta y cinco años no gozaba ni por poco de buena salud, sus niveles de colesterol estaban por los cielos, sufría de acido úrico, también recientemente le habían detectado hígado graso.

A pesar de ser consciente de su salud no podía dejar el placer de la buena comida, sus mismos colegas lo habían casi obligado a cambiar sus hábitos alimenticios, pero el simplemente no había hecho caso. El deporte era su enemigo, pues hasta para dirigirse al lugar más cercano tomaba su vehículo.

Honestamente su figura no mostraba aun hombre obeso, más bien de complexión media, pero internamente su organismo se encontraba muy mal.

Ya en su consultorio el doctor contaba con todos los aparatos modernos, propios para sus pacientes pudiendo detectar los mínimos detalles que pudieran encontrarse. A la vez exageraba en la cantidad de estudios y análisis que ordenaba para sus pacientes. Pero más valía exagerar y no que en un pequeño descuido salieran las cosas mal. Tal vez por eso el doctor había adquirido fama de ser bueno, pues hasta la fecha no había reclamo alguno en su contra por algún descuido o mala atención.

Con sus pacientes siempre se miraba profesional, amistoso y un poco bromista por eso de que pensaba que mirar la vida con alegría era lo mejor, además de que la risa es alimento para el alma. Les explicaba a detalle cada proceso medico, medicina, tratamiento. Cuando llegaba a encontrar algo malo tomaba todas las medidas necesarias, ya incluso a través de sus conclusiones se habían logrado algunas cirugías fetales con bastante éxito.

Siempre vestía elegantemente, con traje y corbata, peinado con el poco cabello grisáceo que le quedaba hacia atrás con bastante vaselina o brillantina. Calzaba siempre zapatos de gamuza, haciendo juego con el cinturón, reloj de oro, y pluma fuente de punta de titanio.

Claro que sus honorarios estaban por encima del promedio, pero incluso para una pareja de la clase media eran asequibles, además en los tiempos modernos solo se tienen hijos máximo un par de veces.

XXV

El agente Javier encargado del departamento de personas perdidas revisaba cada expediente con detenimiento, por lo regular resultaba que un alto porcentaje de las personas extraviadas aparecían al poco tiempo, bien porque hubieran sido adolescentes que se enojaron con los padres, que se escaparon con la pareja, a veces huyendo por que no querían revelar sus preferencias sexuales, o incluso quien agarraba la parranda por varios días sin avisar, este grupo de extraviados por lo regular aparecía al poco tiempo.

Había algunos que no aparecían, pero estaban vinculados al crimen, a las drogas, a la prostitución, al trafico de personas, a grupos de drogadictos, pandillaje, o provenían de familias disfuncionales, a este grupo de personas desaparecidas por lo regular no las encontraban, si es que aparecían les encontraban en las cárceles o en las morgues, muchos de los cadáveres no reconocidos seguramente pertenecían a este grupo y el agente Javier enviaba a sus agentes a comparar los retratos que tenía con los cadáveres.

Había otro grupo, donde el agente trataba de poner más atención, pues de cierta manera eran personas que si estaban perdidas con toda la expresión de la palabra, perdidas en su mente, también perdidas en algún lugar desconocido. A estas personas se les debía de ayudar a encontrar el camino de regreso a casa. Por ejemplo aquellos que tenían lagunas mentales, o quienes contaban con algún retraso, también personas que habían sufrido algún shock y habían perdido la memoria. Se contaba el caso de alguien que había estado 20 años vagabundeando y después con un golpe en la cabeza recupero la memoria y regreso a casa.

Por eso mismo muchos de los vagabundos estaban en esta condición, pues vivían en algún mundo diferente a este, pero era difícil poderlos regresar a que pensaran de manera normal, eso ya le tocaba a especialistas, a psiquiatras, a psicólogos, Javier solo tenía que encontrarlos, trabajo que no era nada fácil.

Por eso antes de salir de la oficina revisaba cada expediente, buscando pistas, huellas que lo pudieran llevar a encontrar a los extraviados. El agente Javier tenía un sentido como de sabueso, sabía oler por donde ir, como seguir la pista, de hecho bastantes casos los había resuelto gracias a su pericia.

Así salió de la oficina un poco mas temprano de lo acontecido, tenía que hacer algunas compras y encargos personales para la casa. Primero se dirigió al súper donde compro algunos productos que su esposa le había encargado, yogurt, leche, carne.

Paso a una papelería a comprar lo necesario para las tareas de sus hijos, cartulinas, colores, pegamento. Allí se entretuvo revisando los libros que tenían en venta, después de echar un rápida lectura a unos cinco se decidió por uno, le encantaba leer unos quince minutos antes de dormir, su libro actual ya estaba a punto de terminarse, de hecho se estaba por descubrir la trama final develando el artífice de todos los crímenes. Claro esta, que al agente Javier le gustaban las novelas policiacas.

Cerca de allí había una zona de imprentas y aprovecharía para encargar las invitaciones de la fiesta de cumpleaños de su hijo, buscaba algo sencillo pues a los niños les complacía entregar invitaciones a sus amigos. Así que condujo su auto hasta la dichosa zona de imprentas, buscó estacionamiento por la zona pero no encontró, así que decidió estacionar su vehículo a unas cuadras de distancia.

Bajo de su auto y tomo el papel donde tenía apuntados los detalles que debería tener la invitación, caminando los iba leyendo para estar seguro de que todo estaba bien, de pronto escucho una voz:

-¡Muy buenas tardes!, le ofrezco invitaciones para todo tipo de evento, elaboradas con la mejor calidad a un precio justo, permítame mostrarle mi catalogo sin ningún compromiso- Y le extendió un catalogo muy arreglado, ordenado que inspiraba confianza.

El agente Javier pensó a sus adentros, -ya no tengo que ir a la zona de imprentas, si aquí tienen algo bueno y a precio justo – dijo entonces – Si mire, es para una fiesta de cumpleaños, mi hijo tiene 8 años, si se pudiera algo de dragones o dinosaurios que es lo que a el le gusta-

- Claro que lo tenemos mire – hojeo el catalogo hasta donde ciertamente aparecían invitaciones de dragones, muy simpáticas, y justamente como las hubiera querido el hijo de Javier.

- Entonces en esta de aquí con los dragoncitos de colores quiero que le pongan lo que dice este papel, justo aquí- señalando la invitación.

Mientras revisaba Javier los detalles de la invitación, recibía el presupuesto por las invitaciones el cual le pareció bastante justo y de su cartera le extendió un billete como anticipo del trabajo, fue allí cuando vio el rostro del vendedor, se quedo estupefacto, lo reconoció inmediatamente, lo acababa de ver en sus expedientes. Se quedo con la mirada fija solo para estar seguro que no se estaba equivocando, de hecho el vendedor se incomodo, pues no acostumbraba a que alguien lo viera así, el agente dijo:

- ¡Eres tu!, ¡si eres Emanuel!, ¿Cómo es que no te habíamos podido encontrar? ¿Qué haces aquí?- Emanuel se sentía confundido, ¿pues como era que alguien sabía su nombre, si el nunca había visto a este caballero, en su vida?

- Bien, se como te has de sentir Emanuel, déjame aclararte un poco las cosas- El agente corrió a su vehículo y cogió un folder, allí donde guarda los retratos de los desaparecidos, en el camino hizo un par de llamadas rápidas y se apresuró a regresar al local de la imprenta.

Mientras el agente salió hacía su auto Emanuel no sabía que hacer, si correr, o llamarle a la policía, este hombre era muy extraño "pero sabía su nombre", eso era muy extraño, en eso que pensaba que hacer sin tener tiempo de actuar el agente regreso diciendo:

-Como podrás observar estos retratos son de personas que están reportados como desaparecidos, mira aquí estas tu- y le extendió a Emanuel la foto que un día había visto en manos de los policías, se puso nervioso pero el agente lo calmo continuando – No te preocupes, no te vamos a hacer nada malo, de hecho te voy a reunir con tu familia, con tu madre quien no ha parado de buscarte desde hace casi tres años que te perdiste-

Emanuel se quedo pensativo, pues ahora sabía que tenía una madre, tenía mil dudas y ninguna respuesta, ya con calma Javier le comenzó a explicar lo que el sabía, de que lo estaban buscando y que su madre no había dejado de ir ni un solo día a la comisaria para insistir en este caso, justo estaban en eso cuando una voz entre angustia y alegría se escucho:

-¡Emanuel! Hijo mío, tantos años, tanto tiempo , tanto sufrimiento, dios me ha escuchado en mis plegarias- Era Clara, su madre quien con emoción lo abrazaba.

- Emanuel ella es tu madre, "Clara"- Dijo el agente Javier sonriente, Emanuel llorando le agradeció.

Esa noche Emanuel y Clara platicaron horas interminables, algunas cosas alegres y otras desgarradores, cenaron juntos algo que preparo Clara. Emanuel durmió en casa de su madre, allí ella mantenía la recamara de su niñez y adolescencia, con todas sus cosas, cuadros, libros, cobijas, fotos, etc.

LA TRAGEDIA

Las tragedias suceden cuando por coincidencia o mala suerte muchas cosas pasan al mismo tiempo e irremediablemente el resultado es desgarradoramente trágico.

Cuando Emanuel y Alina llegaron al hospital pensaron que todo iba muy bien, lamentablemente desconocían que la tragedia ya había empezado, y que con el paso del tiempo el desenlace sería fatal.

Desconocían entonces que el doctor Wilson tenía un doctor en servicio quien lo sustituía siempre cuando fuera necesario, pero que este doctor precisamente en este día había acudido a la universidad para hacer un examen de idiomas siendo obligado por los examinadores a apagar su teléfono cinco minutos antes de que fuera requerido por el hospital, no pudiendo este doctor enterarse de lo acontecido.

Incluso había un tercer doctor sustituto, pero momentos antes se había sentido mal resultado de un parto que había atendido en la madrugada de ese día, confiado de que el doctor Wilson estaba cerca se recostó y durmió, para mala suerte a su teléfono se le acabo la batería, y cuando el hospital lo buscó la llamada iba a buzón.

Tampoco sabían que justo cuando terminaron de hablar con el doctor Wilson vía telefónica, el ginecólogo había sufrido un paro cardiaco, que de hecho no era el primero que sufría, pero este había sido fulminante. No había tenido ni siquiera la oportunidad de hablar a su consultorio o el hospital para hacer los preparativos del parto de Alina. No tuvieron ni siquiera la oportunidad de llevarlo al hospital, cuando los paramédicos llegaron el doctor Wilson ya no contaba con signos vitales.

La recepcionista del hospital no supo que hacer, pues, trató de comunicarse infinitas veces con el doctor Wilson sin recibir respuesta alguna, después marcó a su segundo medico en funciones e incluso intento con su tercero y nada. También llamó al consultorio personal del doctor Wilson donde ciertamente su recepcionista contestó, pero al igual desconocía el paradero de los galenos, entre tanto, la espera se hizo larga con la mujer embarazada teniendo contracciones más intensas a medida que pasaba el tiempo.

Mientras Emanuel y Alina esperaban vino lo peor, comenzaron a llegar docenas de ambulancias de golpe, traían los heridos del accidente que hacia poco había ocurrido, por indicaciones de un idiota concentraron todos los heridos en el mismo hospital y no los enviaron a varios como suele ser en accidentes de numerosos heridos. Así el tumulto llego a la recepción, si bien es cierto tenían que haber ingresado a los heridos en el área de emergencias también lo es que algunos paramédicos voluntarios e inexpertos, por desconocimiento e ignorancia ingresaban con los heridos al área de recepción, poniendo los cuerpos desangrados, quejumbrosos, algunos con los órganos de fuera o sin alguna extremidad, frente a quienes estaban en la recepción. Esa escena dantesca causo una impresión a Alina y Emanuel que la alteraría demasiado.

Al principio el hospital se negaba a recibir los heridos, pues siendo un hospital privado requerían la garantía de pago para poder atenderlos aunado a que rebasaba por mucho su capacitad de atención. Sin embargo, los directivos del hospital recibieron llamadas de altos funcionarios de gobierno obligandolos a atender a los heridos así como comprometiéndose a pagar los gastos que se pudieran generar.

Mientras tanto, Alina y Emanuel seguían en la eterna espera, habían entrado en desesperación y estado de pánico. Cuando el área de recepción los instalo en la habitación y área de parto, ya todos los médicos del hospital se encontraban atendiendo a los heridos del accidente. Solo quedaban algunas enfermeras y estudiantes. De hecho el hospital había llamado a todos sus médicos que estaban en descanso quienes paulatinamente se integrarían, pero no lo suficientemente rápido para evitar la desgracia de Emanuel y Alina.

Ya en la labor de parto Alina pidió que se aplicara anestesia epidural, la enfermera que estaba a cargo le informo que no había anestesiólogos disponibles en ese momento, pero Alina insistió en repetidas ocasiones.

De momento había quedado un estudiante a cargo del área, quien al ser consultado por la enfermera de labor de parto señalo que el era muy experimentado en el tema. Quien sabe si lo dijo por sentirse héroe, por vergüenza o solo dios sabe el porque lo acepto. De hecho estudiaba medicina porque sus padres lo habían obligado él realmente no sentía ninguna pasión por la profesión, más de una vez había intentado tirar la toalla, pero sus padres lo amenazaban en retirarle todo apoyo a aquel estudiante. De alguna manera las cosas se fueron acomodando para mal, pues la enfermera no debió de consultar el tema de la anestesia con aquel joven estudiante, tampoco debió permitir que la aplicara.

Y así la tragedia ocurrió, el inexperto aprendiz de medico aplicó una dosis equivocada, en el lugar equivocado, en el momento equivocado. Poco a poco Alina entro en un sueño del que nunca despertaría, cuando la enfermera se percató del error, quiso corregir lo incorregible, cuando Alina cayó en paro cardiorrespiratorio algunos médicos experimentados llegaron, pero ya nada pudieron hacer. Intentaron rescatar al bebé pero era demasiado tarde. Si hubieran llegado unos minutos antes, ¡tan solo unos minutos!, la hubieran podido rescatar junto con su bebe. Pero desgraciadamente no fue así.

Emanuel que en todo momento había estado presente veía con impotencia como el amor de su vida se iba, nunca pudo conocer a su pequeño bebé. Es increíble como en un instante todo puede cambiar.

Si el bebé hubiera nacido unas horas antes o unas horas después, o si alguno de los doctores hubiera contestado, si no hubiera ocurrido el accidente, si el estudiante no se hubiera atrevido a poner anestesia, si la enfermera no lo hubiera consultado a un estudiante, si los doctores hubieran llegado unos minutos antes, si algo de esto hubiera sido diferente la tragedia en vez de eso hubiera sido alegría, pero ya había sucedido, una serie de desgracias, una irremediable situación...

Al darse cuenta de lo sucedido cobardemente el estudiante huyo abandonando para siempre su intención de ser medico.

Allí Emanuel entre toda la desgracia entró en un choque emocional, teniendo que ser internado para poder recibir atención psiquiátrica profesional.

NOTA PERIODISTICA

PERIODICO LA REPUBLICA

NOTA DEL DIA.- ANCIANA SE REENCUENTRA CON SU HIJO DESPUES DE ENCONTARSE PERDIDO DURANTE MAS DE TRES AÑOS.

El día de ayer gracias a la labor del Agente Javier Alicante responsable del área de personas perdidas de la comisaria de la ciudad pudo localizarse sano y salvo al empresario Emanuel Fox Bianco, quien después de haber sufrido un choque emocional había perdido la memoria.

Y es que el empresario hacia mediados del dos mil quince acudió con su entonces esposa (qepd) al hospital francés de la ciudad, para ser atendidos por el alumbramiento que estaba a punto de dar su esposa, lamentablemente y después de una mala practica medica tanto la esposa como el bebé perecieron, como consecuencia Emanuel Fox sufrió un grave shock que lo dejo fuera de la realidad.

Hasta el momento la investigación por negligencia medica en contra del hospital sigue abierta, no obstante el tiempo trascurrido no se han fincado responsabilidades en contra de nadie.

Por lo que respecta a Emanuel Fox se sabe que como consecuencia del shock emocional en que se encontraba fue necesario internarlo en una clínica psiquiátrica de la ciudad, lamentablemente en su desrazon escapó con rumbo desconocido, estableciéndose una línea de búsqueda y localización por parte de la comisaria estatal, sin tener resultados inmediatos.

Según informes del propio agente Javier Alicante se sabe que el hoy localizado, en una etapa inicial vivió en la plena demencia, probablemente incluyéndose en grupos de alcohólicos o drogadictos, por lo que fue difícil su localización, posteriormente por alguna razón imprecisa tal vez un golpe o un nuevo acontecimiento Emanuel Fox recupero la prudencia pero no la memoria, pero dadas las condiciones en que se encontraba continuo viviendo en la miseria como vagabundo. Dada su capacidad intelectual no le costó trabajo lograr incluirse en la sociedad, al grado de que cuando fue localizado dirigía su propio negocio como una persona normal.

Dada la particularidad del caso nos dimos a la tarea de contactarnos con los maestros Timothy Andrews así como Edgar Bala, ambos investigadores del centro nacional de psiquiatría quienes coincidieron en que cuando alguien vive un shock de esta magnitud el cerebro con tal de evitar el sufrimiento reacciona haciéndolos vivir en un mundo secundario, por lo regular no existe cura ni regresión para estos casos. Lo singular tal como señalan, es el como a través de un agente externo como un golpe o un nuevo shock logró devolverle a Emanuel el juicio, creen también que con el paso del tiempo podrá recuperar la memoria.

Los investigadores también señalaron la importancia del estudio de este caso, pues como lo dijeron puede dar pie a que otros casos similares encuentren sanación y personas que se encuentra en la demencia total, puedan recuperar el juicio.

DOS VIDAS

Habían pasado ya cinco años desde que Emanuel había sido encontrado por el agente Javier con quien casualmente había entablado una gran amistad. Hoy como cada domingo acudía al cementerio a dejar flores y a platicar un momento con su amada Alina, a su lado yacía su pequeño bebé a quien le habían llamado Giovanni.

Allí aunque al principio solía pasar horas, actualmente solo destinaba treinta minutos aproximadamente. Claro que fue difícil, pero tuvo que aceptar que la vida seguía, que lo acontecido no había sido su culpa, que el no había podido evitar los acontecimientos, de hecho en su corazón ya había perdonado a todos lo implicados de la tragedia.

Se había permitido formar una nueva familia, ya tenía dos hijos. Amaba a su esposa, el era un buen marido al igual como un excelente padre, a sus pequeños los educaba con cariño, aunque de repente los instruía tal como el general Dalton lo hubiera hecho.

De Don Fer nunca supo nada, trató de indagar lo más que pudo, le platico a su ahora amigo el agente Javier, hasta contrató a un investigador privado, pero no pudo obtener mayor información de la que Emanuel ya sabía, de cualquier manera todavía tenía la esperanza de que algún día el viejo volviera, su lugar allí seguía y todas las ganancias obtenidas las había depositado en el banco para entregárselas cuando regresara.

La pequeña imprenta caminaba con éxito, de hecho, había logrado recuperar su antiguo taller habiendo podido echar a andar de nuevo gran parte de la antigua maquinaria, funcionaba igual o mejor que ayer, por lo menos ya contaba con una decena de empleados.

El, había preferido mantenerse en el pequeño local donde fue encontrado por Javier, su antigua imprenta le daba nostalgia y le traía muchos recuerdos.

Desde el pequeño local administraba todo, allí tenía tres empleados, la pequeña imprenta la seguía llevando como cuando Don Fer se encontraba, a la manera antigua, le resultaba ser uno de sus lugares favoritos.

Emanuel decidió que su madre viviría con el y su familia, y ella aunque al principio se negó al final acepto con la condición de que le permitiesen llevar a ella la cocina, cosa que resultó extraordinaria pues tenía un excelente sazón, con el tiempo terminó siendo una gran amiga de la esposa.

De vez en cuando visitaba a la familia de Alina, ellos lo seguían queriendo como un miembro más de la familia, de hecho cuando se enteraron por medio del periódico de que había aparecido se alegraron todos, ellos mismo lo animaron a encontrar a una nueva pareja, hasta estuvieron presentes en su boda deseándole lo mejor. Reconocían en Emanuel a un hombre bueno que ya había sufrido bastante, quien ahora merecía felicidad y rehacer su vida.

Habiendo vivido como y entre los vagabundos solía salir a la calle con cobijas y alimentos, les daba lo que podía, los pordioseros le agradecían llamándole por su nombre, algunos incluso recordándole en la miseria cuando Emanuel acudía a los albergues o cuando lo miraban en la calle.

No había momento más alegre para Emanuel que la hora de dormir, como cada noche caía en los brazos de Morfeo, en un sueño profundo.

En ese momento cuando dormía vivía la mejor parte de su vida, pues en su sueño seguía despertando al lado de su amada Alina, la abrazaba fuerte hacia su pecho, le decía lo mucho que la amaba, olía su perfume, los rayos de sol penetraban entre las cortinas.

Allí también estaba el pequeño Giovanni a veces llorando, a veces riendo con su ruidito de bebe, Alina teniéndolo que amamantar, el ayudando a cambiar los pañales, contemplaba a su bebé con sus juguetes y ropas de changuito.

En cada sueño había algo nuevo que hacer, era practicante otra vida tan real como la otra. Si Emanuel hubiera podido escoger se quedaría con su vida de los sueños, al lado de su amada Alina y su pequeño Giovanni, hubiera deseado quedarse en el sueño eterno y no despertar jamás.

Pero no podía ser egoísta, en la realidad tenía una familia a quien cuidar, por lo cual esta resignado a llevar hasta el final de sus días "Dos vidas".

FIN

Made in the USA
Columbia, SC
13 December 2023

27918794R00093